开启创新之门

——创新人才素质教育与实践

章慧蓉　郭　立　杨　静　编著

北　京
冶　金　工　业　出　版　社
2016

内 容 提 要

本书详细介绍了创新人才所应具备的创新素质及创新的原则，从家庭、学校、社会等方面，从中国传统文化教育和西方发达国家的先进教育理念的启示及创新实例等方面，阐述了创新素质的培养和创新实践方法的研究。

本书可作为创造力和素质教育课程的教材使用，又可为广大教育教学工作者提供学术研究参考。

图书在版编目(CIP)数据

开启创新之门：创新人才素质教育与实践/章慧蓉，郭立，杨静编著.—北京：冶金工业出版社，2016.7

ISBN 978-7-5024-7213-9

Ⅰ.①开… Ⅱ.①章… ②郭… ③杨… Ⅲ.①创造型人才—人才培养—研究 Ⅳ.①C961

中国版本图书馆 CIP 数据核字(2016) 第 146058 号

出 版 人　谭学余
地　　址　北京市东城区嵩祝院北巷 39 号　邮编　100009　电话　(010)64027926
网　　址　www. cnmip. com. cn　电子信箱　yjcbs@ cnmip. com. cn
责任编辑　李培禄　美术编辑　彭子赫　版式设计　彭子赫
责任校对　郑　娟　责任印制　李玉山
ISBN 978-7-5024-7213-9
冶金工业出版社出版发行；各地新华书店经销；固安华明印业有限公司印刷
2016 年 7 月第 1 版，2016 年 7 月第 1 次印刷
169mm×239mm；8. 25 印张；158 千字；122 页
32. 00 元

冶金工业出版社　投稿电话　(010)64027932　投稿信箱　tougao@cnmip. com. cn
冶金工业出版社营销中心　电话　(010)64044283　传真　(010)64027893
冶金书店　地址　北京市东四西大街 46 号(100010)　电话　(010)65289081(兼传真)
冶金工业出版社天猫旗舰店　yjgycbs. tmall. com

前　言

国内外出版和发表的关于创新素质教育的书籍和文章很多，但大多关注的是创新思维的研究和发明的实例，鲜有从创新的原则端头进行阐述。本书与其他同类型著作相比更加关注创新的社会价值，并认为：并非所有的异想天开都可以贴上创新的标签，创新的发现需要道德的指导。对人类有益的创新必然是建立在有益于自然和生态，有益于人类福祉基础上的创新，同时有生命力的创新是来自于祖先智慧的滋养，“根”和“翅膀”缺一不可。

此外，国内外的同类型著作往往关注技术创新，很多先进的创新理念和成果都是从国外引入的，而中国传统文化和学以致用的教育方法与理念却被忽视或淡化了。中华民族自古就是一个非常有智慧的民族，“2000 多年前，中国就出现了诸子百家的盛况，老子、孔子、墨子等思想家上究天文、下穷地理，广泛探讨人与人、人与社会、人与自然关系的真谛，提出了博大精深的思想体系。他们提出的很多理念，如孝悌忠信、礼义廉耻、仁者爱人、与人为善、天人合一、道法自然、自强不息等，至今仍然深深影响着中国人的生活。”（2014 年 4 月 1 日习近平主席在比利时欧洲学院谈中华文明）。坦普尔在《中国：发明和发现的国度》一书中曾经提到：现代世界赖以建立的基本发明创造，一半以上源于中国。中国在现代农业、航运、石油、气象、音乐、十进制数学、纸币、高级火箭、枪炮、载人飞机、蒸汽机设计等领域创造了 100 个世界第一……中国古代的四大发明、都江堰、赵州桥等，现在看来都属于科技创新的项目。

美国学者彼得·伯格教授认为：“儒家文化展现出了经济的动力。中国移民在世界各地都很成功，尤其是在东南亚，便是个例证。”1988

年1月，全世界诺贝尔奖获得者在法国巴黎召开会议。在会议结束时发表的宣言中指出:“如果人类要在21世纪生存下去，必须回头两千五百年前，去吸取孔子的智慧。”可见，西方对东方文化非常崇尚，认为21世纪是东方文化的世纪。

中国传统文化博大精深，和西方实证科学不同的是直接针对人体、生命和宇宙进行研究，探索的是事物的本质和发展规律。“师法天地”是中华文化的主线，由此带来了音乐、文字、美术、教育、天文、地理、建筑等各个领域的发明和创造。我们常说的，学习知识要融会贯通、由此及彼，就是因为“此”和“彼”有着同样的溯源。而西方的实证科学是双刃剑，一方面带来了生活的便利，另一方面由于对现代科技的过度依赖造成了全球范围的生态恶化、环境破坏等严重的负面效应。现代社会浮躁、急功近利，在利益的推动下，在应试教育的培养下，培养的大多是标准化和规格化的学生，缺少对人类有益的创新实践培养土壤，缺少正确理念的指导，多是在方法上研究，也就是“术”的研究，而忽视了对“道”的遵循。因此，如何学习先进，同时继承传承，是本书关注的重点。

本书将详细地介绍创新人才所应具备的创新素质以及创新的原则。从家庭、学校、社会等方面，从中国传统文化教育和西方发达国家的先进教育理念的启示及创新实例等方面阐述了创新素质的培养和创新实践方法的研究。

本书既可作为创造力和素质教育课程的教材使用，也可为广大教育教学工作者提供学术研究的参考，主要读者范围广泛，包括对这一领域感兴趣的师生和家长们。

章慧蓉
2016年2月于北京

目　录

1 创新素质，一个古老而富有新意的话题

1.1 引　言

“人的头脑和人的想象力可以把无用的物质变成有价值的资源。”这是著名经济学家沃伦·布鲁克斯在他的论著《头脑中的经济》中的一句话。布鲁克斯认为真正的财富资源不是有形的、具体的物质，而是人的想法和想象力，它是推动我们经济发展的主要动力。布鲁克斯的这番论述是值得人们思索的。

从古至今，人的想法和理念成就了自然科学和社会科学领域的许多重大发明：在远古时期，当欧洲大陆还在沉睡时，东方的先哲们就开始对自然、宇宙和人生进行思索和实践，并形成了一系列朴素的价值观，直到今天还在泽被着一代代的后人，指南针的发明缩短了世界各国的距离，印刷术的发明便利了文化的传播……在近现代，爱因斯坦创造性地提出了相对论的有关理论，将人类的视野从三维世界向更多维空间扩展，内燃机的发明使石油变成了一种非常有价值的资源，硅片的发明使世界上最普通的砂子改变了众多人的生活方式……无怪乎美国的乔治·布什总统不无感慨道：“我们不要忘记，不是政府使美国强大起来，使美国强大起来的是富有想象力的人和使他的梦想得以实现的方法。”

中华民族自古就是一个非常有智慧的民族，“2000 多年前，中国就出现了诸子百家的盛况，老子、孔子、墨子等思想家上究天文、下穷地理，广泛探讨人与人、人与社会以及人与自然关系的真谛，提出了博大精深的思想体系。他们提出的很多理念，如孝悌忠信、礼义廉耻、仁者爱人、与人为善、天人合一、道法自然、自强不息等，至今仍然深深影响着中国人的生活。”（2014 年 4 月 1 日习近平主席在比利时欧洲学院谈中华文明）。坦普尔在《中国：发明和发现的国度》一书中曾经提到：现代世界赖以建立的基本发明创造，一半以上源于中国。中国在现代农业、航运、石油、气象、音乐、十进制数学、纸币、高级火箭、枪炮、载人飞机、蒸汽机设计等领域创造了 100 个世界第一……古中国有四大发明，有都江堰、赵州桥、北京故宫等伟大的工程，现在看来都可称作科技创新的项目。

1979 年，教育部、中国社会科学院与北京市委联合举行“国庆三十周年社会科学学术研讨会”，在会上，决定成立全国人才研究会筹备会，此后人才学在全国的研究机构应运而生，人才学的研究得到了迅速的发展。与此同时，一些学者把国外的创造学研究引进了中国，并在报纸刊物上进行宣传，引起了国内学术界的关注。1983 年，在南宁召开了全国第一届创造学会议，标志着创造学在中

华人民共和国的诞生。此后三十年来，我们国家在该领域进行了广泛的实践研究和国际交流，并在人才成功、创新成功的人事心理学、创造心理学等方面积累了大量的研究材料和研究数据，许多研究成果应用于实践，为中小学、高等教育体制改革做出了贡献。例如：《北京新闻》曾经连续报道了关于北京小学四年级普遍实行快乐教学；在中小学的语言考试中，出题侧重点是淡化语法、强化能力，提出尊重学生的自主成长，为了提高孩子的心理承受能力和适应能力提出“抗挫折教育”等，这些举措无疑对培养孩子的综合素质大有裨益，它可以为学生们营造一个宽松、民主、积极向上的教育和文化氛围，让他们非凡的想象力张开翅膀，从而具有广博的意识、开放的胸怀、坚强的意志以及强烈的责任心，这些是个体成为创新人才的源源不断的力量源泉。

1.2　综合素质和创造力

1.2.1　创新素质是一种综合素质

什么是创新素质？我们很难用一句话简单概括，因为它是一种综合素质，但是纵观科学、艺术和技术发展，它们的共同基础都是宇宙的规则和人类的想象力、创造力，两者缺一不可。

艺术，例如诗歌、绘画、音乐等，是创作者将对生命、宇宙、人生的感悟通过艺术形式的表现唤起人们的意识或潜意识中深藏着的已经存在的情感；自然科学，例如化学、物理、生物等是用数学公式或自然定律的方式对自然界的现象进行准确的抽象，虽然自然现象是不依赖于科学家的主观意志而存在的，但这种抽象的过程和艺术家的创作是一样的；发明则更是依靠发明家的经验和创造性活动进行技术革新。可以说古往今来，所有被称作天才、人才、通才、伟才的科学家、文学家都具有出色的创造力，创造力是构成创新素质的最主要组成部分。

心理学家经过大量的观察和试验，发现人的智商❶水平与创造力有很大关系，如图 1-1 所示。

从图中可以看出：总体上，创造能力与智商呈正比例关系，也就是智商越高，创造力就越高，图中三角形的底边是随着智商的增长而逐渐呈现向上的趋势；但是到了 130 分以上，智商与创造能力的相关性就变低了，智商在 130 分以上者，创造能力的差异相当悬殊，有些人创造能力很高，而有些人创造能力并不

❶ 智商是智力商数的简称，它是德国心理学家施特恩在 1912 年提出的，其计算公式为：IQ = M. A/G. A × 100，其中 IQ 为智商；M. A. 为智力年龄；G. A. 为实足年龄。通常人们对智力水平高低分类为：智商 140 以上者为天才，智商 120 ~ 140 者为最优秀，90 ~ 100 者为常才，80 ~ 90 者为次正常，70 ~ 80 者为临界正常，60 ~ 70 者为轻度智力落后。

高；由图中我们还可以看出，创造能力高的人必然具有中等以上的智商，而高智商的人却未必具有相当高的创造能力，也就是说，创造力强的人智商一定高，但是智商高的人，不一定创造力就强。

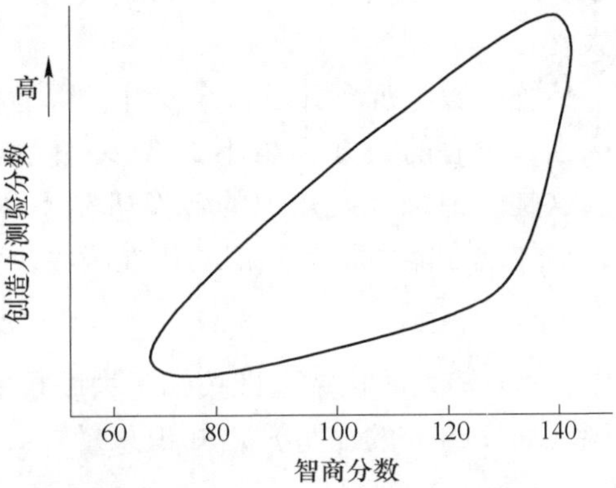

图 1-1 智力与创造力关系示意图

以上图例恰好解释了大量中国孩子可以赢得世界数学、物理或者化学等奥林匹克竞赛奖，但在成人后却少有获得诺贝尔奖的原因。赢得奥林匹克竞赛奖需要的是智力，而获得诺贝尔奖需要的是创造力。中国孩子的智力水平是比较高的，但是我国以往的教育方式和文化氛围的引导，侧重于锻炼孩子的应试能力，忽视了孩子创造能力的培养。

此外，人们还发现，影响人的创造力除了智力发展水平以外，还有许多其他因素，如思维的方式、创新的意识等。一般来说，创造能力比较高的人，善于进行求异思维和发散思维。这些思维品质要求人要独立地依靠自己的实践、丰富的想象力、敏锐的观察力、深刻的思考力，作出独到的判断，这种类型的人思维往往是独立和开阔的，也是活跃和新颖的。

创新意识是超越了普通意义上智力水平的范畴，和创造者的好奇心、进取心、事业心、求知欲都有直接的关系。爱因斯坦曾经说过："提出一个问题比解决一个问题更重要，因为解决问题，也许仅仅只是一个数字上或实验上的技巧而已，而提出新的问题，却需要有创造性的想象力。"从中不难看出创新意识的重要性，没有创新意识就没有创造性的活动，创新意识贯穿在创造性活动的始终。

源源不断的创新意识要靠强烈、高尚的情感来推动。世界上的传世之作，都是用诚挚的情感来打动人心的。这种情感要么来自于科学工作者对真理的不懈追求，要么来自于社会工作者对人类福祉的深切关怀，它是创造者的责任感和忧患意识的一种体现，是一种难能可贵的品质。

但是要想使人的创造力和想象力结出丰硕的果实，仅仅拥有丰富的创造力还远远不够，还要依赖于个人的信念、品格、意志、兴趣、动手能力以及实践能力等非智力因素。

北京工业大学机电学院力学专家隋允康教授在多年的教育教学生涯和教务管理实践中发现，如果用 Knowledge、Ability 和 Quality 分别代表知识、能力和素质，则传统的教育观念可以表示为：

$$A = \alpha K \tag{1-1}$$

式中，α 为知识转化为能力的系数。这个式子表明知识越多，具有的能力则越大。

传统的教育观念并不符合实际，因为有的人知识虽多，但能力并不是应有的那么强；也有的人知识虽不那么多，但能力却很强。简言之，知识并不等于能力。这是因为每个人知识的转换机制不尽相同，不仅体现在转换系数的不一样上，还体现在能力不是知识的线性函数，而是知识的非线性函数：

$$A = \alpha K^{\beta} \tag{1-2}$$

式中，β 为知识活化率，即按知识去度量能力的大小，定义为“能够灵活运用的知识（a，active 的缩写）占知识总量（s，sum 的缩写）的百分比”：

$$\beta = K_a / K_s \tag{1-3}$$

式（1-2）表达了能力与知识的非线性关系，比传统观念的线性关系更好地表达了人们的能力同知识关系的千差万别。式（1-3）启迪我们，在输入知识时，还应当大力提高知识活化率，即在学习中培养创新能力。正如爱因斯坦所说：“发展独立思考和独立判断的一般能力，应当始终放在首位，而不应当把获得专业知识放在首位。”[1]

20 世纪末教育领域关于素质讨论带来的教育观念的进一步更新——借助于知识去发展能力和提高素质，素质反转过来放大能力：

$$A = \gamma Q^{\alpha K^{\beta}} \tag{1-4}$$

这个式子体现的素质对于能力的放大效应，可以在科学史上找到屡见不鲜的例子：一些具有高层次哲学素养和敏锐的科学审美情趣、把握了高屋建瓴研究方法的大科学家，往往可以做出振聋发聩的开拓性贡献，这是与之知识、能力相匹配的，而素质不那么高的科学家是做不到的。

美国心理学家特尔曼曾对 800 个男性进行了测试，对成就最大的 20% 与成就最小的 20% 进行了比较研究，他们都是智力超常的人，可是他们的成就却有很大的差别。研究表明：成就最大的一组人谨慎、进取心、不屈不挠、自信心、完成任务的坚持性都明显地高于成就最小的一组人。

古往今来，这样的例子举不胜举。让几千年后的西方人由衷感叹的中国古老的阴阳八卦等理论孕育了“二进制”的光辉；爱因斯坦的狭义相对论和广义相对论，将人类研究的视野从三维空间向更多维空间扩展；19 世纪瑞士著名教育学家裴斯泰洛齐创造性地提出了对人性本质的看法，并深刻地揭示了人与自然、人与社会的关系，他的思想光芒和教学实践赢得了欧洲许多国家的支持和欢迎。

所以，但凡成大事业者往往都具有耐得住寂寞、耐得住失败、耐得住屈辱的锲而不舍的精神，毕竟时间是公正的，它能荡涤糟粕，去伪存真。

总之，创新素质是一种综合素质，要使创造结出丰硕的果实，除了要具备旺盛的创造力和想象力，还需要一种精神情感，那是对真理不懈的追求，对人类深切关怀的精神，以及对人类进步事业强烈的使命感和责任感。

1.2.2 创造性思维是创新素质重要的组成部分

1.2.2.1 创造性思维是天赋的可以培养的能力

有人说想象力和创造力是一种天赋的才能，这种观点有一定的科学依据，从遗传学的角度来说，“人的生命从受精卵开始，就接受了父母的遗传基因，人的生命最初几个月与母体共栖，胎儿被赋予了特定的先天素质。”

从气质和神经类型学说的研究角度，意大利医学学派的创立者、生于意大利以南西西里岛上的西西里阿克拉噶斯（今阿格里琴托城）的哲学家恩培多克勒认为人的心理特征依赖身体的特殊构造，他认为人的身体是由土、水、气、火四种物质组成的。各人心理上的不同，是由于他身体上这四种物质配合比例不同。演说家是舌头的四种物质配合最好的人，艺术家是手的四种物质配合最好的人，这些都是后来气质和神经类型学说的萌芽。血型的不同、气质类型不同的人会有截然不同的个性特征。现代生理解剖学也证实了人的身心是互相依存、互相统一的。生理的疾病往往伴随着心理的疾病，例如肝脏功能不好的人，脾气往往不好。现代健康学所关注的身心平衡、身心健康，在远古时期就被古代的先哲们提出，而且他们把这种平衡归因于物质的平衡。先秦时，荀子就曾提出：“万物各得其和以生”。聪明的古人早就意识到了身心的平衡是萌生智慧的源泉。所以他们很注重修身养性、以静制躁、形神并养。事实上，心态平和、心情舒畅，有助于观察力、记忆力、思维力、想象力和注意力的充分发挥，而且，在这种心态下，人们对事物的看法是比较乐观、公正的；相反，气忿、浮躁、放纵会削弱人的智力资本，而且会使人在待人和处事时不够理智，在看待问题时不够全面。

可以说，孩子从诞生的那一刻就被赋予了某种信息和个性化的物质基础，这是不以他的意志为转移的。但是任何事物又处在不断变化和发展之中，客观事物的发展规律表现为：事物相对立的两方面在发展过程中此长彼削，最终达到相互平衡，但是又随着新的状态和条件的要求，旧有的平衡会被打破，高级的平衡会重新建立。中国古人的一些益智运动，例如：吹笛、弹琴、书法、绘画和气功，就是通过后天的修身养性、陶冶情操、净化心灵，在先天基因无法改变的基础上，通过后天的培养，重新建立身心的平衡，达到开慧益智的效果。以吹笛为例：科学家发现，人的手指神经在大脑皮层所占的区域范围非常大，是大腿神经的10倍。吹奏笛箫讲究指法和全方位立体配合，对激活神经介质、开拓右脑潜能、爆发意识效应、增加智商、提高思辩力、升华记忆都十分有利。气功学家也认为：笛箫吹奏中所采用的共核运气法——腹式呼吸，可以运动五脏六腑，不仅能增大肺活量，促进体液循环，对呼吸、循环系统有利，而且对神经系统、加强主意识也极为有利。也就是说，创造性思维是可以通过后天来培养的。

在孩子的培养和教育中，家长和老师如果能顺应孩子的成长规律，则有助于启迪孩子的善良本性及对美好事物的洞察和追求，培养孩子的创新素质。否则即使天资很好的孩子，如果在教育过程中违背客观规律，拔苗助长，反而会适得其反。为什么有些孩了“小时了了，大木必佳”呢？大部分是和家庭教育有关。孩子小时候聪明，大人们就爱夸奖，这样反而会助长孩子的骄傲，听惯了溢美之词的小孩心理素质差，经受不了挫折和打击，生活一有波折和失败，就容易一蹶不振，甚至自暴自弃；另外，孩子小时候聪明，父母的期望也就高，有时候会不顾孩子的心理发展规律，人为地给孩子施加压力，提出不切实际的要求，结果适得其反。

总之，创造力作为一种物质存在的产物或者物质因素平衡的产物不是一成不变的，是可以培养的，创新素质教育是必要和可能的。

1.2.2.2　创造性思维方式有其模式性、规格性

培养创造力和想象力，首先要探索想象的基本规律。想象作为一种思维方式，有其相对的稳定性、模式性和规格性。我们不妨看看如下例子。

例一： 我爱我小小的寒冷的国家，
既使是它的一枝树根，
如果我必须死一千次，
我也要死在那儿，
如果我必须生一千次，
我也要生在那儿。
……

（［南美］聂鲁达《让那劈木做栅栏的醒来》）

例二： 假若生活欺骗了你，
不要忧郁，
也不要愤慨！
不顺心的时候暂且容忍，
相信吧，
快乐的日子就会到来。
……

（［俄］普希金《假若生活欺骗了你》）

例三： 假设你愿意了解我，
那么到山头或水边来吧！
近在身边的蚊蚋便是一种解说，
一滴水或一个微波便是一把钥匙，

铁锤、橹、锯子都是证实我的语言。

……

（[美]惠特曼《自己之歌》）

以上三个例子的作者，都是蜚身国际文坛的文学巨匠，他们来自不同的国度，描写不同的内容，聂鲁达写他对祖国的忠贞与热爱，普希金写他对友人的同情和鼓励，惠特曼写自己坚定的理想和信念。虽然他们的经历不同、文风迥异，但是他们的文章都运用了一个稳定的模式。

首先，都通过"如果、假若、假设"这座桥，跨过现实，进入空灵的想象世界，例一："如果"自己死一千次、生一千次；例二："假若"生活欺骗了你；例三："假设"你愿意了解我。之后，在假设事物上展现出瑰丽的想象，描绘出超俗的意境，点出发人深思的主题。例一：生死千次，都不愿离开"小小寒冷"的祖国；例二：纵使受了不公正的对待也不忧郁、愤慨，要相信快乐终会到来；例三：通过对蚊蚋、水波、铁锤、橹、锯等的描写，让人们联想到了一个汗渍渍、湿漉漉、血淋淋的"我"的形象，证实了"我"历经艰辛和坎坷。这三篇文章都是由假设产生假想物、由假想物产生瑰丽的想象，表现出了明显的模式性和规格性。原来，创造性的思维方式不是"乱云飞渡""苍海横流"的，而是有一定规律性可以遵循。

全国优秀教师常青教授在长期教学实践的基础上，总结了写作中创新思维模式，并把它们归纳为各种格式，如稳定式、联想式、猜想式、设想式、否定式、衬托式、幻想式等（以上三例被他归纳为稳定式），并提出了格有素、量、序（详见《叩开想象之门》），为进行创造性思维训练探索出了一条可行的途径。

1.2.2.3　创造性思维的素材来源于自然的启示和现实的体验

纵观科学、艺术和技术发展，它们的共同基础都是自然的启示和人类的感悟，或被称作想象力、创造力，两者缺一不可。艺术，如诗歌、绘画、音乐等，是创作者将对生命、宇宙、人生的感悟通过艺术形式的表现唤起人们的意识或潜意识中深藏着的已经存在的情感；自然科学，如化学、物理、生物等，是用数学公式或自然定律的方式对自然界的现象进行准确的抽象。中国古人常说"文章本天成、妙手偶得之"。古人评价一个好的建筑，讲"宛若天成"、"巧夺天工"，评价一个好的手法，叫"神来之笔"，说人的思维在瞬间可以"精骛八极"、"心游万刃"、"思接千载"、"视通万里"，也就是说来源于与宇宙天宇的沟通。北大著名教授朱孝远说："我们的创造力，不管它是如何的强大，却是根基于我们已有的知识和文化中的。也就是蕴藏在我们的历史之中、时空坐标中，生命的关照总是在最关键的时刻，托起人们创新和驯服危机的想象"。

此外，培养创造性思维非常重视观察力的培养和素材的收集，因为创新思维的素材来源于我们所要解释的现实世界。

科学家对机器的大胆设想，是从现实需要出发，作家和艺术家对人物的塑造也是从现实生活中取材的。人们把实践活动和观察体会中获得的表象进行艺术加工，创造出新形象的过程就是进行创造性思维的过程。

生活经历不同，观察事物的角度不同，每个人的想象也不同，例如：新疆游客看到云南石林，可能会把它想象为一个个戴着维吾尔族小花帽的石人；内蒙古游客看到石林，会把它想象为一把把锋利的马刀；渔民看见石林，会把它想象为耸立的桅杆；林业工人看见石林，则把它想象为无边的林海。石林“变”为戴花帽的维吾尔人、蒙古马刀、桅杆或林海是和每个游客的阅历血肉相连的。想象源于生活又高于生活，观察、经历越丰富，想象也越丰富，观察和阅历的想象储备了丰富的表象。

人的大脑是一个非常复杂的物质器官，它不仅有记忆、联想的功能，还有学习的功能，人在一生中的经历是有限的，但是知识的获取是无限的。古往今来，人们在生产劳动、生活实践中积累的经验，在朝代更迭中总结的教训为我们开拓了广阔的时空，为我们提供了丰富的表象素材。

古人所说的“读万卷书、行万里路”正是为今后进行创造活动积累丰富的表象信息。

既然创造性思维是对大脑中已经存在的表象进行艺术再加工，为什么对于同样的表象，有的人的想象可以给人以精神的陶冶、灵魂的净化，有的人的想象却无法登大雅之堂，就像《红楼梦》中薛蟠的下流诗作，因为他的心灵不美，格调太低。

1.2.2.4　高尚的情感是创新的动力

傅雷先生说过：“自己胸中的境界不美，人家看了你的作品怎么会觉得美?”任何伟大的科学家和艺术家，都是用自己高尚的情感来探索的。

那种情感不是一种恃才狂傲、居高临下的咄咄逼人，也不是立身于众人之中，热情地为小溪、河流、瀑布服务，却难脱丧失自我的唯唯诺诺，那是一种“大海的精神”，谦逊而宽广，虽然以低和宽阔来容纳百川，但自有惊涛拍岸的万里波涛，自有那永不停息的奔腾方向。那是一种真正的赤子之心，甘为小溪、河流、瀑布献身，勇于为真理不懈追求，甚至不惜用生命进行探索。

高尚的情感是创造的激素，世界上的传世之作，都是用诚挚的真情来打动人心的。但是切勿一味重情。情感如果不能向更高的境界升华，是没有生命的。一个襟怀宽广、富于理性的创造者不仅关注现实世界的时空，还可以将其创造向历史和自然的广宇升华，所谓“心事浩茫联广宇”。这就如同西方油画与中国水墨山水画的区别，前者以逼真的写实或鲜艳的色调给人以强烈的感官刺激，而后者则用写意的方法描绘大自然的宽广、雄浑，给人以高远的意境、无限的遐想空间，使人的心境纯洁、澄明。水墨画虽然不能像油画那样“裸衫相见、惹目刺眼”，但却能历经千古、愈久弥芳。

1.2.2.5　持之以恒能助思考结出创新的果实

在创造性思维中有两种思维方式格外引人注目，它们就是灵感和直觉，这两种思维方式的产生有多种提法，关乎人体科学和另外时空的研究，但是它们的产生往往需要创造者坚持不懈的探索，有时这种探索到了“山重水复疑无路”时，“柳暗花明又一村”而出现转机。当然不是所有的持之以恒都能使思考结出创新的果实，但是许多伟大的发明确实来自于发明者持之以恒的坚持。

案例一：苯的发明

苯（benzene，C_6H_6），有机化合物，是组成结构最简单的芳香烃，在常温下为一种无色、有甜味的透明液体，其密度小于水，具有强烈的芳香气味，可燃，有毒，为 IARC 第一类致癌物。苯不溶于水，易溶于有机溶剂，本身也可作为有机溶剂。其碳与碳之间的化学键介于单键与双键之间，因此同时具有饱和烃取代反应的性质和不饱和烃加成反应的性质。苯的性质是易取代，难氧化，难加成。苯是一种石油化工基本原料。苯的产量和生产的技术水平是一个国家石油化工发展水平的标志之一。

苯最早是在 19 世纪初研究将煤气作为照明用气时合成出来的。然而，一般认为苯是在 1825 年由迈克尔·法拉第发现的。他从鱼油等类似物质的热裂解产品中分离出了较高纯度的苯，称之为“氢的重碳化物”（Bicarburet of hydrogen）。并且测定了苯的一些物理性质和它的化学组成，阐述了苯分子的碳氢比。

1833 年，德国化学家密次切利奇（Mitscherlich）确定了苯分子中 6 个碳和 6 个氢原子的经验式（C_6H_6）。弗里德里希·凯库勒（图 1-2）于 1865 年提出了苯环单、双键交替排列、无限共轭的结构，即现在所谓的“凯库勒式”。

关于凯库勒悟出苯分子环状结构的经过，一直是化学史上的一个趣闻。据说灵感来自于一个梦。那是他在比利时的根特大学任教时，一天夜晚，他在书房打瞌睡，眼前仿佛出现了旋转的碳原子，碳原子长链像蛇一样盘绕卷曲，忽见一蛇衔住自己的尾巴，并旋转不停。他像触电般地猛然醒来，接着整理苯环结构的假说，又忙了一夜。对此，凯库勒说：“我们应当会做梦！……那么我们就可以发现真理……但不要在清醒的理智检验之前，就宣布我们的梦。”

F.A. 凯库勒

图 1-2　凯库勒和他的双键摆动模型

应该指出的是，凯库勒能够从梦中得到启发，成功地提出重要的结构学说，并不是偶然的。这是由于他总是冥思苦想有关原子、分子以及结构等问题，更重要的是，他懂得化合价的真正含义，通过灵感探讨本质；加之以事实为依据，以严肃的科学态度进行多方面的分析和探讨，这一切都为他的成功奠定了基础。

灵感是集中全部注意力去解决某一问题时，由于某一偶然因素的触发而产生的顿悟式思想。灵感的产生，来源于一种高度的专注，即所谓的“寂然凝虑”（刘勰），“专则精，精则无所不妙”（李清照），贵在恒。即便百思不果，依然不愿放弃，忽然间“山重水复疑无路，柳暗花明又一村”。正如俄国画家拉宾所说的“灵感是对艰苦劳动的奖赏”。

“昨夜西风凋碧树，独上高楼，望尽天涯路”，“衣带渐宽终不悔，为伊消得人憔悴”，“众里寻他千百度，蓦然回首，那人却在灯火阑珊处。”这是王国维在《人间词话》中提出的古之成大事业、大学问者必须经过的三种境界，它们也是灵感产生的真实写照。

科学的直觉，很难用一个确切的概念去界定它，因为它既不是本质性的结论，也不是具体的经验，但它对事物的本质有着独到的观察力，它虽然有方向，但常有一种不确定性，它虽然有时扑朔迷离，但却能够判别真实和仿冒、诚挚和虚假、正直和矫作、美好和丑陋。

案例二：镭元素的发现

镭，是一种化学元素。它能放射出人们看不见的射线，不用借助外力，就能自然发光发热，含有很大的能量。镭的发现，引起科学和哲学的巨大变革，为人类探索原子世界的奥秘打开了大门。由于镭能用来治疗难以治愈的癌症，也给人类的健康带来了福音。

发现镭元素的，是一位杰出的女科学家。她原名叫玛丽·斯可罗多夫斯卡，也就是后来为世人所熟知的居里夫人。

居里夫人 1867 年 11 月 7 日生于波兰。1895 年在巴黎求学时，和法国科学家彼埃尔·居里结婚。

1896 年，法国物理学家亨利·贝克勒发现了元素放射线。但是，他只是发现了这种光线的存在，至于它的真面目，还是个谜。这引起了居里夫人极大的兴趣，激起了她童年时就具有的探险家的好奇心和勇气。她认为，这是个绝好的研究课题，就同丈夫彼埃尔商量。

“这个课题选得很好，”彼埃尔说，“贝克勒线前年才发现，我想可能还没有人研究。如果发现这种射线的性质和来源，可以写出一篇出色的论文。不过，这是件艰巨的事情，困难也很多。”

“我知道，”玛丽微笑着说，“不过不要紧，有你这样一位尊敬的老师合作，就一定会成功！”要研究放射性元素，需要一间宽敞的实验室。彼埃尔东奔西跑，最后才在他原来工作过的理化学校借到一间又寒冷又潮湿的小工作间。

实验仪器很少，屋顶漏雨，墙壁透风，条件实在太糟了。但是居里夫人毫不在乎，专心做她的实验。在研究过程中，她发现，能放射出那奇怪光线的不只有铀，还有钍。她把这些光线称为"放射线"。

居里夫人在进一步的研究中发现，可能还有一种物质能够放射光线。这种光线要比铀放射的光线强得多。她认为，这种新的物质，也就是还未被发现的新元素，只是极少量地存在于矿物之中。她把它定名为"镭"，在拉丁文中，它的原意就是"放射"。彼埃尔也同意这种见解，可是当时有很多科学家并不相信。他们认为这可能是实验出了错误，有的人还说："如果真有那种元素，请提取出来，让我们瞧瞧!"

为了得到镭，居里夫妇必须从沥青铀矿中分离出镭来。他们怎样才能得到足够的沥青铀矿呢？这种矿很稀少，矿中铀的含量极少，价格又很昂贵，他们根本买不起。后来，他们得到了奥地利政府赠送的1吨已提取过铀的沥青矿的残渣，开始了提取纯镭的实验。

在一间简陋的窝棚里，居里夫人要把上千公斤的沥青矿残渣，一锅锅地煮沸，还要用棍子在锅里不停地搅拌；要搬动很大的蒸馏瓶，把滚烫的溶液倒进倒出。就这样，经过3年零9个月锲而不舍的工作，1902年，居里夫妇终于从矿渣中提炼出0.1克镭盐，接着又初步测定了镭的原子量。

1906年，彼埃尔·居里在一场意外的车祸中丧生。居里夫人极为哀痛，但这并没有动摇她的意志，她决心把与丈夫共同开拓的科学事业进行下去。1910年，居里夫人成功地分离出金属镭，分析出镭元素的各种性质，精确地测定了它的原子量。同年，居里夫人出版了她的名著《论放射性》，并出席了国际放射学理事会。会上制定了以居里名字命名的放射性单位，同时采用了居里夫人提出的镭的国际标准。

镭元素的成功发现离不开居里夫人和彼埃尔两位科学家的科学直觉以及坚持不懈的苦心研究，才得以成功。

科学和艺术的创新直觉往往来源于科学和艺术工作者长期的埋头苦干、严格的积累训练，不懈的探索和追求所磨炼出的一叶知秋的洞察力、感知力，它是一种学术境界从量变到质变的飞跃，学术方法破旧立新和在智慧海洋中的挥洒自如。

哥德尔的不完备性定理指出：每一个数学系统，不管它多么复杂，总包含着不能消除的悖论。直觉经验的正确性会超越逻辑的数学上的证明。爱因斯坦认为：纯粹的逻辑思维不能给人们任何关于客观世界的知识。他承认他的创造性工作来源于直觉经验。

1.3 眼见为实吗

在没有其他仪器和设备的情况下，人类靠眼睛和其他感官如触觉、味觉、嗅觉等来认识外部世界。其中，人所感受的外界信息80%以上来自视觉。

但是眼见一定为实吗？举个简单的例子，例如我们看到太阳从东方升起，自西边降落，然而从太阳系的角度来说，太阳并没有运动，是地球的自转造成的太阳的起落。此外，眼睛还常常给我们造成错觉。在图 1-3a 中，请问左右两边位于中心的圆，左边和右边的哪个大？如果以我们的眼睛看的话，左边的圆多多少少要比右边的大一些。其实，它们是相同大小的圆。在图 1-3b 的横线里，夹在黑和白的正方形之间的线段，看起来弯弯曲曲，然而事实上，这些是平行线，这也是眼睛的错觉。再看图 1-3c 中的大象到底有几条腿？图 1-3d 中哪个人最高？其实他们一样高。

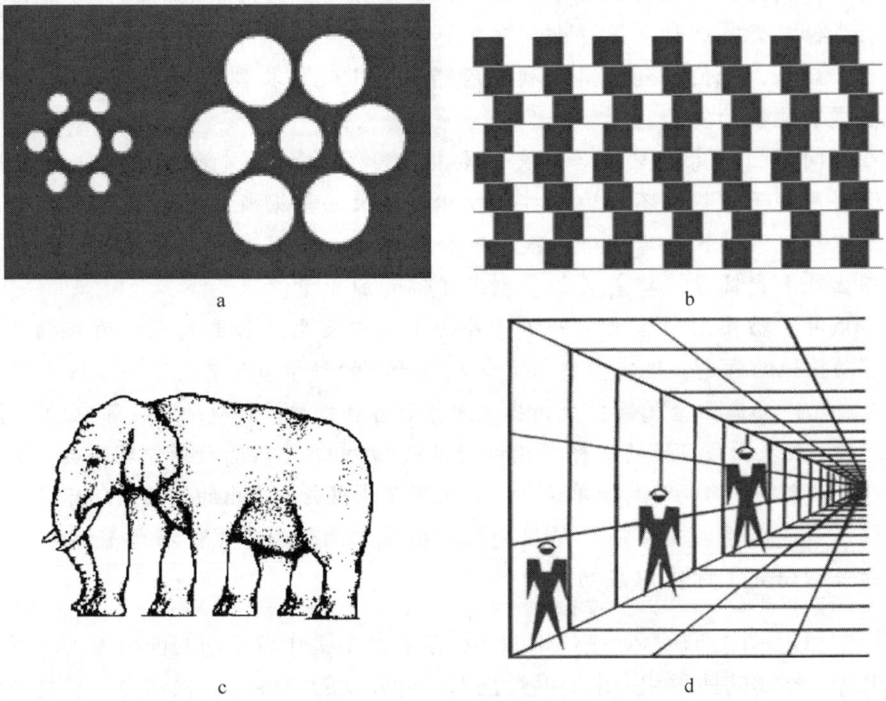

图 1-3　视觉误差图例

为什么自己亲眼看得真真切切的东西却可能并不是我们脑中浮现的呢？这是有一定科学依据的。因为我们眼睛的构造、大脑的工作原理、我们的认识习惯以及一系列传统观念的束缚，使得眼见不一定为实，这样的例子在我们的生活和实践中屡见不鲜。

1.3.1　造成视觉误差的原因

1.3.1.1　人眼的视觉局限

从视觉理论的角度解释来说，对于健康的眼睛能够看到事物的外部条件至少有两个，一个是有光线照射在物体上，一个是物体可以反射光线到人的眼睛，缺少其中任意条件，眼睛就看不到物体，但是，是不是看不见就不存在呢？人类以感觉到光得到视觉。但是人的眼睛有它特殊的构造，并不是一切光线都能使人产生视觉。红外线和据说蚂蚁能够看得见的“紫外线”，都不能够使人产生视觉。因此正常人的眼睛，可以说是很有“缺陷”的，科学家告诉我们，人眼所能看到的光线，只在可见光400~700纳米的电磁波长范围内，是极为有限的一部分；听到的频率范围也仅限于20~20000赫兹。这种局限性造成我们仅凭感觉认识外部事物的局限性。

我们看见室内的桌子、椅子、笔、砚、杯、盘都是静止不动的，是坚实无缝的。但是物理学家会告诉我们，在这些物质内部，电子围绕原子核以光的速度旋转着，原子与原子也是时刻不停的振动着。

电子与原子核、原子与原子之间都留着极大的空隙，非常疏松，像空气一样。这和我们看见的外表的静止、坚实完全不一样。

由于人眼的视觉局限，太空中原来大放光明的地方，长久以来一直被认为是漆黑一团，即使借助某些工具，人观察到的也只能是最表层的显现。后来科学家意识到了这个问题，采用了红外线、紫外线、X射线来观察天体，结果豁然开朗，那些隐藏在黑暗中的天体瞬间出现在人类眼前，景象壮观得令人难以置信。目前最先进的哈勃太空望远镜，就能用红外线来观察天体。

此外，在我们的视觉中，当物体的图像落在网膜的盲点部分，我们就会产生“视而不见”的错觉。再如，电影银幕上人物的动作是跳动的，图像（画面）是明暗交替的，但我们看起来，人物的动作是连续的，同时也没有明暗变化。这是利用了眼睛视觉存留的特性。电影画面每秒钟二十四个格能使动画连贯起来，这样“跳动”的画面就被看成是连续的，而察觉不出动作的不连续性，同时因为眼睛能在一定时间内保持住作用于它的光效应，人们看到的就是稳定的画面了，而不是一系列闪动的图画。

在颜色的知觉中也会存在错觉，例如：每一种颜色都有它相应的互补色（互补色如用混色轮混合时，会成为灰色-白色，只有亮度而无彩色）。红和绿是一对互补色，黄和蓝也是一对互补色，其他颜色也都各有其相应的互补色。黑和白也有互补关系。如果互补色两者同时呈现在一个画面上时，会显得格外鲜明。如果在周围充满一种颜色刺激时，无刺激的“空档”处便会产生互补色的感觉，从而产生所谓的“无中生有”的错觉。最常见的例子就是在蓝色的天幕上出现的月亮（无色）会显黄色；汽车司机夜间行车时都有这样的经验，走在高压水银灯照明（蓝紫色光源）的道路上，自己的车灯（白炽灯）灯光显橙黄色；而走在钠灯照明（黄色光源）的道路上，自己的车灯显蓝色。这个例子说明感觉和知觉都会受背景条件的影响而有所改变。这种差异都是由于视觉局限造成的错觉。

1.3.1.2 人脑会创造自己的一套逻辑，将非现实的信息予以合理化

华盛顿大学圣路易分校生物医学工程系和匹兹堡大学神经生物学系的合作研究显示，有时你看到的任何事都不能相信。研究人员发现，你实际上正在做的事和你认为你正在做的事，在大脑中显示的部位不同。

丹尼尔·莫朗是圣路易分校生物医学工程暨神经生物助理教授。他与合作伙伴——匹兹堡大学的安德鲁·修怀兹和安东尼·瑞纳专注于研究认知和视觉小把戏，以及猕猴和人对这些小把戏的反应。他们创造了一个虚拟实境电视游乐器对猴子进行实验，让它们以为自己在用手描绘椭圆形，而实际上它们是画着圆形。研究人员监控猴子的神经细胞，并分辨脑中哪一个区域显示圆形，哪一个区域显示椭圆形。他们发现主要运动皮质区显示的是实际行动，而隔壁一个称之为腹侧运动前区的部位，制造着椭圆的幻象。

这项研究显示，人脑会创造自己的一套逻辑，将非现实的信息予以合理化。例如第一次戴上一副双焦点的老花眼镜时，会发现眼睛看到的景象和手触摸到的周围环境是不大一样的。渐渐地大脑会进行调整，消除视觉与触觉的差异。腹侧运动前区在此扮演重要角色。

1.3.1.3 我们的认识习惯和主观愿望使我们往往忽略事物的真实面貌

我们往往说“一见钟情”，说明我们对于事物的认识其实是十分模糊且是第一印象的。我们对于一件事物的认识，一般一开始只是对视觉信号进行模糊处理，即只对信号进行轮廓辨认和处理，也即只辨认主要特征，比如对人或动物或物体、动的或静的、大或小、远或近、男或女、高或矮等特别明显的差异进行甄别。我们只有在多次接触或引起注意的时候才会注意到更多的细节的东西。这就会造成我们被第一印象所欺骗。

这也就是说，人在得到一个印象时，一是模糊扫描的，二是将其分成各种要素来记存的。也就是说记存的不是完整的印象。所以即使是眼光最敏锐和记忆最好的人也无法真正还原一个事物的完整的印象。

这种主观因素的影响造成了我们对客观事物知觉的影响可能会形成错觉，因此才会有“杯弓蛇影”、“草木皆兵”以及“风摇花影动，疑是玉人来”等这些和主观情境相关联的错觉。

1.3.1.4 传播中的“噪声”也会影响“眼见的景象”

当我们向别人描述自己“亲眼看见的东西”时，往往会出现偏差。这是因为要将自己看到的事物的信息传递给别人时，并不能将原来的“影象”原原本本地送到别人的眼中。而是需要用另外的人体器官，如嘴——语言描述、手——图画描写，这就需要转换，即将脑中记存的要素通过语言和动作重新组合成印象，所以只要意识上出现偏差，这种组合就会出现偏差，还往往将自己没注意的差异漏掉。而在信息传播过程中，也会产生误差，这些都相当于传递过程中的

“噪声”。接受这样描述的人再将这些描述在大脑中进行类似的处理。这样“眼见的景象”与事物的原本面貌之间的差异就更大了，有时甚至是离谱。

1.3.1.5 视觉错误

图片上明暗和阴影的影响，使我们得到凸出或凹入的知觉。同一张图片中的物体明亮部分在上方，阴影部分在下方，看上去这个物体是凸出的。把这张图片上下倒置过来，便会得到凹进去的知觉。这是我们长时间的生活经验造成的，在生活中光源（阳光）总是位于上方，这就自然形成凸出来的物体的明亮部分位于该物的上方，阴影在下方。凹下去的东西相反，这已是无例外的现象了。所以把同一张图片倒置就会得到相反的图像知觉。在没有更多参照物的条件下，两个物体中的一个在运动时，我们往往会把它们中任何一个看成运动的。例如，“云遮月”的时候，可以把月亮看成在云后移动，也可以把云看成在月亮前移动。如在暗室中用幻灯在面对被试者的幕布上呈现一个方框子，在框子中央有一个小方形，向左右移动框子时，被试者则感到方形在移动。这是因为人们一般的经验是，运动的对象总是在较大的静止的环境中移动，而且这种联系相当巩固，所以会产生这种错觉。我们都有这样的经验，乘火车时在列车里通过车窗看临近火车开动时，总是觉得自己所在的列车在开动。这是因为当乘车时，由于车的运行形成外物移动的知觉，这个经验牢固地印在脑海里，因而在列车里对临近列车的移动总是不假思索地认为是自己所在的列车在开动。但是，由于缺乏振动的感觉与推动的感觉，便会很快地意识到自己所乘的列车并未向前移动。

1.3.1.6 错在非错

在有些情况下，我们得到的知觉与事实不相符合，那是因为这种知觉是在特定的条件影响下形成的，并非错觉。如将筷子斜插在有水的水杯里，看上去筷子变得不直了，在水中的部分向下错开了。这是因为插入水中的部分进入与空气不同的介质，而产生的折射现象所引起的。把筷子看成曲折的是正常的、合理的现象。又如汽车上凸面的倒车镜以及哈哈镜，这些幻影或所产生变形的图像，都不能看成是错觉。

正是由于上诉种种原因，使得我们看到的往往与事物本身是有出入的，尤其是第一印象。前面图 1-3 中的那些图也可以说明这一点，往往是第一眼欺骗了自己，当我们重新认真审视这些图时，就可以很快发现其中的奥妙了。

1.3.2 视觉误差的利用

视觉误差虽然会造成“眼见不一定为实”，但是如果富有创见的合理利用，也可以取得奇妙的效果，如电影摄制中用移动布景的方法造成交通工具的运行，又如汽车、飞机以至宇宙航行等等供训练驾驶员的模拟装置，军事上的各种伪装以及按形体设计的服装、花色的匹配等等和错觉有一定的关系。举例如下：

（1）镜子的合理利用。在房间宽阔处或者狭长的过道设立大镜子，都可以提高房间的明亮度和纵深感，使房间显得宽阔，从以下的图 1-4 中谁能想到面对的是一个不到 1 米的小小过廊，镜子的使用增加了房间的开阔感。

图 1-4　镜子的合理利用图例

（2）色彩的合理利用。如果在墙壁上使用浅颜色的涂料，并且家具的颜色也不宜太深，能使房间显得开阔和敞亮（图 1-5）。

图 1-5　色彩的合理利用图例

（3）格纹的合理利用。在房间的纵深狭小的情况下，短窄的墙壁上装饰侧面的条纹花样，能使纵深显得宽广。房间的高度如果较低，在墙壁上装饰纵向的条纹花样，能在视觉上觉得天井较高（图 1-6）。

图 1-6 格纹的合理利用图例

因此，正确地利用创新原理和视觉误差，能给我们的生活带来便利。

1.4 创新实践的原则

但是并非所有的异想天开都可以贴上创新的标签，创新的发现需要道德的指导。

爱因斯坦曾说过："科学是一种强有力的工具。怎样用它，究竟是给人类带来幸福还是带来灾难，全取决于人自己，而不是取决于工具。刀子在人类活动中是有用的，但它也能用来杀人。"如何使科学成果造福于最大多数人，而消除或减少其对人类直接或间接的危害，这就体现了科学的道德和人文关怀。科学活动必须受到科学道德和一般社会道德的双重约束。科学家的行为也需要由一些社会化的规范约束，也就是科学道德的约束，否则就会产生种种越轨现象而不利于科学事业健康、有序的发展。

综观人类有文明以来的整个科学发展史，从主导方面来看，可以说经历了两种发展体系。一是东方文明，中国"儒、释、道"传统文化博大精深，和西方实证科学不同的是直接针对人体、生命和宇宙进行研究，探索的是事物的本质和发展规律。"师法天地"是中华文化的主线，由此带来了哲学、医学、天文学、军事学、数学、物理学、农学、地学、人文科学，包括音乐、文字、美术、教育、社会制度等各个领域的高度发展和发明创造。我们常说的知识学习要"融会贯通"，由此及彼，就是因为"此"和"彼"有着同样的溯源。二是近代工业革命以后，西方科学分门别类、还原论的研究方式，推动了科学技术向纵深发展，实现了西方科技的巨大进步和经济的飞速发展的同时，也造成了生态、资源、生存空间及人类和平的种种危机以及国际金融危机。

中西两种科学思想各有其利与弊。从认知方式看，古代中国整体论思想的特点是：整体思维、开放思维、辩证思维、非线性思维，观天察地，人法地、地法天、天法道、道法自然，人与自然和谐发展。西方认知方式的特点是：分解思维、线性思维、（形式）逻辑思维、封闭思维（包括实验室条件、认为地学与天文无关）。西方实证科学逻辑严密、定量、精确化、重视量化的数值模式；中国古代整体论的优势是，侧重宏观整体、非线性辩证联系、能够透过现象抓住本质。有人说古代中国整体论往往停留在宏观，不易深化、细化，大多难以定量，这种说法是没有根据的，从中国古人制作的连弩、宝剑、铸币、服饰等工艺可以看出，对于细微的材料用量都很讲究，例如明朝万历年间的银元，不仅要刻上制作人的名字还要刻上银元的纯度，九成就是指90%的含银量。近现代西方实证科学学科分割的后果，容易造成“瞎子摸象”，往往抓不到影响全局的本质，对于现代科技的过度依赖造成了全球范围的生态恶化、环境破坏、金融海啸等严重的负面效应。

此外，受西方实证科学的影响，问题来时都想赶快有个捷径（技术）解决，处理问题也贪图快捷，对待生病也是同样的做法，恨不得下猛药一下子解决问题，殊不知这样会违背客观规律，适得其反。现代科学体系是建立在实证科学体系基础上的，实证科学得到的知识体系很多是建立在大量可重复试验基础上的，其过程可用图1-7来表述。

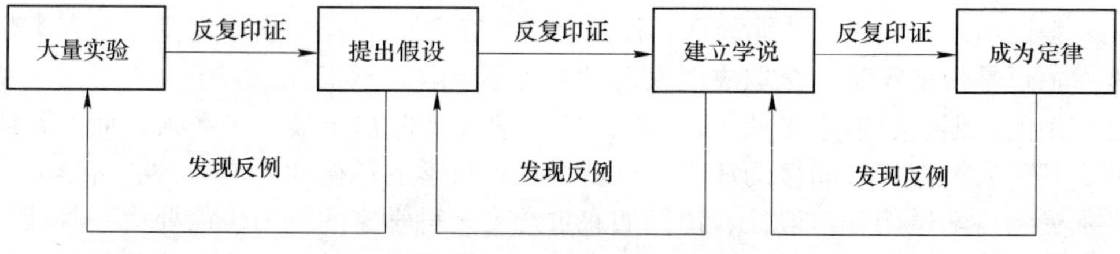

图1-7　实证科学体系示意图

但是这种实证科学的发展思路有很多弊端，也就是不能保证其结果100%的正确。和现代西方实证科学体系不同的是，在历史上有很多文明古国，从遗留下的历史遗迹可以看出他们的文明和科技水平相当高，甚至远远超出现在的科技水平。

奥克洛（Oklo）是非洲加蓬共和国一个铀矿区的名字。正是从这个矿区，法国取得了其核计划所需的铀。1972年，当这个矿区的铀矿石被运到法国时，人们发现其中一些铀矿竟然是被“利用过”的，铀235的含量不足0.3%，低于

0.711%的天然含量，似乎这些铀矿石早已被一个核反应堆使用过。正是这一现象导致科学家实地调查，并发现了该地区的核反应堆：当地铀矿石中的铀曾经历了一个自给自足的链式裂变反应，这曾释放出大量的热能。法国政府宣布这一发现时，全世界震惊了。科学家们对这个铀矿进行了研究，发现这是一座20亿年前的核反应堆，由6个区域约500吨铀矿石构成，如此巨大的一个核反应堆，对周围环境的热干扰却局限在反应区周围40米之内。更让人吃惊的是，核反应所产生的废物，并没有扩散，而是局限在矿区周围，该核反应堆运转了长达50万年之久。也就是说，20亿年前，在今天我们叫作奥克洛的地方，可能存在着高度发达的文明，远远超过今天人类的文明。相关研究成果于1975年在国际原子能委员会（International Atomic Energy Agency）的一个会议上公布。

埃及共和国考古学家2000年6月3日宣布，在埃及亚历山大港对岸的地中海海底，发现了几座淹没在水下的古城。这些古城估计建于公元前六、七世纪，距今二千五百年的法老王时代，它们的名字曾多次出现在希腊悲剧、游记和神话中，这是首次找到实质证据证明它们的存在。考古学家这次发现的遗址包括古城伊拉克利翁、卡诺珀斯和门乌西斯等。当身着潜水服的考古学家们最终潜入海底的时候，他们全都被眼前的情景惊呆了：保存得完完整整的房子、富丽堂皇的庙宇、相当现代化的港口设施和描述当年市民生活的巨型雕像。整个被时间凝固的城市！从这座深埋在海洋里的城市群可以看出，老城的居民们是一个爱享受生活的民族，为了让自己的日子舒适与快乐，他们建造了宽敞明亮的住房；精心设计了通风口、厕所和洗澡堂；建造了雄伟宏大的露天娱乐场以及完备的城市排水系统。其城市规划的现代化程度甚至达到了20世纪城市建设的水平！埃及文物高级委员会主席加巴拉称："这是水底考古史上最令人振奋的发现……因为过往发现的，大多是陵墓或庙宇，但这次我们发现了好几座城，一些我们从经典著作中听闻的城。"

在埃及亚历山大港大海上，耸立着一座高达150多米、原高为16层的巨大白色大理石建筑[3]，这就是亚历山大里亚大灯塔。如此高大的建筑，现代人类直到20世纪40年代才掌握了必需的建筑技术，而该灯塔却在海上矗立了至少3万年，难道这是达尔文假说中的猴子在玩积木吗？该灯塔被列为世界八大奇迹之一。数不清的史前文明奇迹，从印度新德里（New Delhi）纪念塔寺庙里4千多年历史高纯铁柱，到马萨诸州Dorchester地区6亿年前的寒武纪岩石层中的金属花瓶，再到复活节岛的1千尊巨型石像，再到玛雅文明时期的水晶头盖骨……其年代从几万、几十万、几百万、几千万甚至上亿、几十亿年，静静地向后人述说着它们时代的悲喜故事。

按照达尔文进化论假说，人类由猿经过千百万年才进化成人，可是科学家却至今无法找到这千百万年的中间过程，找不到猿与人之间的物种存在的任何证据；难道这些是尚未进入原始社会的猿人或人猿在摆积木。

从诸多的历史遗迹和史前文明的考古发现中我们惊讶地发现一个共性：不同时期存在过不同的人类，而不同人类被毁灭时，却都是处在科技相当发达的时期。

自古以来，东方和西方都有做人的道德规范与准则要人们遵守，这些道德规范维持了人类社会的和平，也创造了辉煌的文明。然而到了近代，人类过于追求物质享受的发达，生活的安逸，渐渐地将这些道德规范淡忘了。有些人甚至将道德规范视为束缚，提倡个性的解放，为所欲为，“任性”成了褒义词，将遵守道德规范的人说成是古板而教条，不遵守道德规范却说成是勇敢与所谓的“创新”。我们遗忘了道德规范，造成了环境的污染，资源的浪费，人与人之间关系的冷漠。如果要想改变这种状态，必须重视道德规范的传承与重建，这是维系人类辉煌文明的关键。

1931 年 2 月 16 日，爱因斯坦在他的精辟的《科学的颂歌》中提到：“看到你们这支以应用科学作为自己专业的青年人的兴旺队伍，我感到十分高兴。

我可以唱一首赞美诗，反复颂扬应用科学已达到的辉煌成就和你们将要进一步取得的巨大进展。我们的确是生活在应用科学的时代和应用科学的家乡。

但是我不想这样来谈。我倒是想起了那个娶了个不太漂亮的妻子的青年人，当人家问他是否感到幸福时，他用了这样的话回答：‘如果我要说真话，我就不得不扯谎。’

我也正是这样。试想，一个很不开化的印第安人的经验是否不如一般文明人幸福丰富呢？我想并不是。文明国家的儿童都那么喜欢扮印第安人玩，意味是深长的。

这样了不起的应用科学，既节约了劳动力，又使生活变得更加舒服，却为什么给我们那么少的幸福呢？坦率的回答是，因为我们还没有学会合理地去使用它。

在战争中，它被用来相互残杀毒害；在和平时期，它使生活促迫而不安定。它不是把我们从耗费精力的劳动中大大地解放出来，却使人成为机器的奴隶：绝大部分情况下总是在厌倦地完成他们冗长单调的工作，还必须经常为那一点可怜的口粮而担心。

你们会以为，我这老头是在唱不吉利的调子。但我却只是想做点善意的忠告。

为了使你们的工作增进人类的幸福，你们只懂得应用科学是不够的。关心人本身及其命运，应当始终成为一切技术上奋斗的主要目标；关心组织劳动和产品分配这个重大的尚未解决的问题才能保证我们智慧的产物会促进人类幸福，而不致成为祸害。在你们埋头于图表和方程式中时，千万不要忘记了这一点。”

爱因斯坦在这篇震撼世界的演讲中，以善意的、恳切的言辞忠告即将走进科学殿堂的青年学者要“关心人本身及其命运”，不要忘记使科学造福于人类，促进人类幸福，而避免使其成为祸害，危害人类自身。

这是一个科学伦理的问题。爱因斯坦在20世纪30年代的远见卓识同样应当引起每一位有良知的科学工作者深思。克隆技术可以复制出猪、羊、牛，也同样可以复制出无父无母的人；因特网络迅速、广泛地传播信息，也可以带来大量的信息垃圾和病毒……面对这些难题，科技本身是难以解决的，只有依赖于人类建立和完善高尚的科学伦理与道德。

对于人类有益的“创新”必然是建立在有益于自然和生态、有益于人类福祉基础上的“创新”，同时有生命力的“创新”是来自于祖先智慧的滋养，根和翅膀缺一不可。

参考文献

[1] 田森．中国大学人文讲演录：知识经济对人类社会的重大影响[M]．新疆：柯文出版社，2001.

[2] 李政道．中国大学人文讲演录：科学和艺术—个硬币的两面[M]．新疆：柯文出版社，2001.

[3] 杨卫星．指点迷津——谈学习心理[M]．北京：教育科学出版社，1998.

[4] 隋允康．先进文化与高素质人才的铸造[J]．北京工业大学学报（社会科学版），2002(3).

[5] 隋允康．人才能力创造[M]．大连：大连工学院出版社，1998.

[6] 王极盛．创新时代——未来成功者的超智菜单[M]．北京：中国世界语出版社，1999.

[7] 阿图尔·布律迈尔．裴斯泰洛齐选集第二卷[M]．北京：教育科学出版社，1996.

[8] 丁宁．西方当代艺术心理学[M]．在北大听讲座——思想的魅力．北京：新世界出版社，2000.

[9] 张健鹏，胡足青．心里的锁——小故事中的大智慧[M]．北京：当代世界出版社，2001.

[10] 常青．叩开想象之门——想象思维训练[M]．北京：教育科学出版社，1993.

[11] 朱孝远．历史艺术的创新直觉[M]．在北大听讲座——思想的力量．北京：新世界出版社，2000.

[12] 董兴文．诺贝尔奖金获得者的家教[M]．北京：中华工商出版社，1995.

[13] 周永亮．华夏文明延伸之谜[M]．北京：解放军文艺出版社，1995.

[14] 眼见为实有科学依据[N]．北京青年报，2004-06-22.

[15] 眼见不一定为实[OL]. http://health. sohu. com/20050217/n224320152. shtml.

[16] 现代科学家真的“眼见为实”吗？[OL]. http://chat. gz163. cn/wunchat/fbest/zhanzhang/kexuexinyang/200109/9282001-1. html.

[17] 葛瑞姆·汉卡克．上帝的指纹（上、下）[M]．北京：新世界出版社，2008.

2　中国教育的历史回顾及对创新素质培养的现实启示

2.1　中国传统文化教育和文明发展的历史回顾

“中华民族具有5000多年连绵不断的文明历史，创造了博大精深的中华文化，为人类文明进步作出了不可磨灭的贡献”（选自2013年3月习近平主席在十二届全国人大一次会议闭幕会上发表的讲话）。

2.1.1　华夏民族的第一帝王之师——伊尹

回顾中国传统文化教育和文明发展的历史，华夏民族的第一帝王之师是商汤的相国——伊尹，而他最为人称道的是创造性地以烹调、五味为引子，分析天下大势与为政之道。传说夏的最后一个统治者桀是个奢侈荒淫的暴君，百姓怨声载道。有着传奇身世的伊尹，看到商朝的汤是有道明君，自愿作陪嫁缕臣，随同到商。他背负鼎俎为汤烹炊，以烹调、五味为引子，分析天下大势与为政之道，劝汤承担灭夏大任，成为商汤心目中的智者贤者，被任用为相。《孟子》曰：“汤之于伊尹，学焉而后臣之，故不劳而王。”也就是说伊尹成为了中华第一个帝王之师，被委以重任。而伊尹教给商汤一些什么知识呢?《孟子·万章》篇说伊尹“以尧舜之道要汤”，“而说之以伐夏救民”。其实就是教给商汤谋划灭夏的方略和治国驭民之道。

商汤死后，伊尹历经外丙、仲壬，即做了汤王长孙太甲的师保。传说，太甲不遵守为君之道，为了教育太甲，伊尹将太甲安置在特定的教育环境中——成汤墓葬之地桐宫，并著《伊训》、《肆命》、《徂后》等训词，训诫太甲如何为政以及如何继承成汤的法度等问题。在《伊训》中，伊尹用天命、人事、祸福告诫太甲说：“惟上帝不常，作善，降之百祥；作不善，降之百殃。”就是说老天要用降百祥奖励作善者，降百殃惩罚作不善者。

太甲守桐宫三年，追思成汤的功业自怨自艾，深刻反省，“处仁迁义”，学习伊尹的训词，逐渐认识了自己的过错，悔过反善。当太甲有了改恶从善的表现后，伊尹便适时亲自到桐宫迎接他，并将王权交给他，自己仍继续当太甲的辅佐。在伊尹的耐心教育下，太甲复位后“勤政修德”，继承成汤之政，果然有了良好的表现。商朝的政治又出现了清明的局面。《史记》称“诸侯咸归殷，百姓以宁”。于是伊尹又作《太甲》三篇，《咸有一德》一篇褒扬太甲。太甲终成有为之君，被其后代尊称为“大宗”。

在《太甲》篇中，伊尹通过太甲反省的认识说：“天作孽犹可违，自作孽不可逭（逃）。”这句话强调的是自我修养的重要作用。伊尹还告诫太甲说：“惟天无亲，克敬惟亲。”意思是说，只有自己克敬、克明、克诚，才能取得臣民的忠和亲。他还说：“天难堪，命靡常；常厥德，保厥位。厥德匪常，九有以亡。……漫神虐民，皇天弗保。”意思是说天意和命运是无常的。只有常于有德，才能保住王位，否则统治九州的权力就要失去。如果轻漫祖先和神灵，虐杀百姓，皇天也保不了你的王位，唯一有效的办法就是“眷求一德”。“一德”就是纯一之德。伊尹还鼓励太甲要“修厥身，允德协天下”。在《咸有一德》中，伊尹用夏朝所以灭亡是因为“夏王弗克庸德”，商汤所以能代夏而立，是由于汤王“眷求一德”的历史事实告诉太甲，商朝所以称王天下，不是苍天偏爱商王，而是老天保佑有德的人，不是商王哀求于百姓，而是百姓愿意归顺有德之王。在伊尹看来，失德则失天下，求于一德，则能得到天的护佑而得天下。他把帝王的道德教育也就是修德、修身看成是关乎国家存亡兴衰的大事，所以处处强调“惟新厥德，终始如一”。在道德教育中，他强调“居上克明，居下克忠，与人不求备，检身若不及”。就是说要求居上的商王要克诚克明，明断是非；居下的臣民对君上要克诚尽忠。修身的原则是不求全责备他人，对自己则要经常检点不及他人之处，做到自我完善。“与人不求备，检身若不及”，这种道德修养的教育方法在今天仍不失其教育意义。

伊尹认为“习于性成”。就是说人的性格、品质是在日常生活行为的习惯培养中形成的。他还说过“慎终于始”的话，可以推知他在做“师仆”时是十分重视幼儿的起始教育的。从他放太甲于桐宫，并著训词以促太甲觉醒的教育实践看，他已经懂得并自觉地创设特殊环境教育太甲。这说明，他已看到了环境在教育中的作用。太甲改恶从善，伊尹立即亲自到桐宫迎太甲还朝当政，并著书加以褒扬，这一教育实践说明伊尹对太甲的激励是适时的。这叫惩恶于前，奖善于后。正确运用奖惩实施教育，这一思想即使在今天也仍不失为教育方法之一。

2.1.2　春秋、秦汉时期的中国教育

及至春秋战国，各种文化思潮的兴起，使中华民族在思想领域呈现一种百家争鸣的局面。那时，人们是站在另一个角度上看问题、看世界的，朴素的思想、开阔的思维、自由的意识形态形成了各种各样的价值观念，也创造出了许多恢弘的诗篇。庄子一念之间就可以想象出人生应如鲲鹏展翅，扶摇而上九万里，绝云气，负青天的壮丽诗句。但是秦灭六国，一统中国，虽然推动了历史的发展，也破坏了自由和民主的文化氛围。秦始皇继承了秦的法家思想，全面实行法制，一是凡事皆决于法，二是专任刑罚。秦始皇信奉重刑，认为仅仅通过道德教育是不

能制止人犯罪的，只有实行严酷的刑罚，叫人不敢犯罪，国家才有安全的保障。秦始皇暴虐成性，好大喜功，御用文人为他歌功颂德，在社会生活中，秦朝实行整齐的制度，“书同文，车同轨”。统一了货币和度量衡，促进了全国经济和文化的联系，但他却焚书坑儒，“禁私学，禁游宦”，严重地摧残了文化和教育的发展。

秦始皇的倒行逆施注定了秦朝的统治是短命的，仅历二世即告灭亡。随后的汉王朝吸取秦末农民战争的历史教训，采取了道家的主张，实行“休养生息”的政策，在教育上，兴办官学，发展私学，有力地促进了文化教育事业的发展。尤其是到了汉武帝统治时期，采纳了董仲舒的建议“罢黜百家，独尊儒术”，以儒家思想治理中国。孔孟之道有许多积极的成分，它规范了做人的道理，重视人的伦理道德，例如：孔子主张立志乐道、自省自克、身体力行、改过迁善，孟子主张持志养气、厚人责己、改过迁善、舍生取义。在教育上，孔子以自己40余年的教学经历和亲身体验，提出了许多关于教学的原则和方法，概括为：因材施教、启发诱导、学思结合、博约兼顾。孔子还能身体力行，提出了许多关于教师修养的意见，例如：学而不厌、诲人不倦；热爱学生，对学生无私无隐；以身作则，身教重于言教……孔子的六艺施教：礼、乐、射、御、书、数，礼主要是德育，乐主要是美育，射、御就是射箭、驾车，主要是体育，书、数主要是智育，这是德美体智的全面教育[1]。孟子继承了孔子的许多思想，同时又发展和完善了儒家思想，从“施仁政”和“性本善”两个方面论述了教育的作用。一方面，强调教育的社会作用；另一方面，强调教育在人的发展中的作用。例如：“发虑宪、求善良，足以谀闻，不足以动众；就贤体远，足以动众，未足以化民。君子如欲化民成俗，其必由学乎！”“玉不琢，不成器；人不学，不知道。是故古之王者，建国君民，教学为先。”孟子是著名的教育家。他热爱教育工作，积累了丰富的教学经验，在教学方面，他提出：自求自得、专心有恒、启发诱导、循序渐进等。孔孟思想从一个侧面反映了中国古老文化的智慧，具有许多现实意义……由此可见，孔子非常重视知与行的统一，现实中的孔子既不是泥塑中的孔子，也不是政治运动中被丑化的形象。1988年1月，75位诺贝尔奖获得者在巴黎发表联合宣言，向全世界呼吁：21世纪人类要生存，就必须汲取2000年前孔子的智慧，必须重新认识东亚文明，由此不难看出孔孟之道的深远影响。

2.1.3 隋、唐时期的中国教育

到了隋、唐时期，废除了魏晋南北朝以门第取人的“九品中正制”，而代之以科举制度，这在当时是非常积极的，为国家选贤纳才提供了一条很好的途径。在中国历史上，传统文化达到鼎盛的唐朝是中华国力鼎盛的时期，科学也因此在世界上独领风骚。当时欧洲、中东、日本等地都派人去长安学习，周边国家则以

中国为宗主国，万国来朝，重译款塞。唐朝的强盛与其文化的复兴和重新建构关系密切。

贞观二十二年，唐太宗亲自撰写了《帝范》十二篇，作为训诫太子的家训。其目的乃希望太子李治以古之哲王为师，《帝京篇》并序曰：“予以万几之暇，游息艺文。……庶以尧舜之风，荡秦汉之弊；用咸英之曲，变烂漫之音；……故观文教于六经，……释实求华，以人从欲，乱于大道，君子耻之。故述《帝京篇》以明雅志云尔。”[2]这里“咸英之曲”是指尧时的音乐“咸池”与帝喾时的乐曲“五英”，皆为有益于教化之乐曲。而烂漫之音，乃是三代之后的靡靡之邪音。太宗更提出诗歌创作应以儒家六经为旨归，远绍《诗经》的风雅精神，行美刺褒贬之意。文学创作者必须要修身做起、节制欲望，做到清本正源，才能教育大众，有益于人身心的健康[2]。

唐太宗是这么说的也是这么做的，他注重自身修养，为了进德修业，读书达到了废寝忘食的地步。太宗喜欢读圣贤之书，从书中可跨越时空，进入上古天地，感受先哲们的智慧、上古的淳朴之风，并以此为学习的对象与目的。同时，太宗更注重对自我的反省，要求自己不忘务俭之志，不能产生自满、自以为是的想法。为了能听到百姓的心声，广纳谏言、体察百姓疾苦，关心民生的境况，慎赏刑罚，充分体现了太宗仁政爱民的思想。唐太宗登基以后，励精图治，在他执政期间，出现了为期23年的贞观之治，这一历史功绩，不全在于他有多少政治才能，而是在他光鲜亮丽的外表下，仍一直维持着一颗为国、为社稷、为苍生的心。

从《新唐书》、《旧唐书》、《贞观政要》等书中，我们可以对这时期的民风略知一二。贞观四年，天下大治，判死刑者仅29人。东至于海，南至于岭，都夜不闭户，道不拾遗，出门的人不必携带粮食，可以从道路上随便取食东西。贞观六年，太宗亲自审核死囚罪案，把死刑罪犯190人都释放回家，约其按期来还，后来，这些死刑犯都如期来还，太宗便下诏全部免罪释放。太宗在努力建设文化事业的同时，以上古帝王的治国之方为策，崇尚清静无为，处处为百姓着想，重在节制、克制一己私欲，努力成就百姓之公益，在其执政期间，道德得以重建，淳朴、敦厚的民风得到复苏[2]。

唐朝的统治抚民以静，鼓励进谏，唐初太宗统治时期主张“为政之要，惟在得人；致安之本，惟在得人”“用人必须以德行、学识为本，若才行不至，决不滥用”。君臣之间如鱼如水，有臣子的直言不讳、严正劝谏，指出执政的疏漏，来辅佐时政，君王才能藉此警戒自己，改过迁善，促成清明之治。大臣魏征曾于贞观十三年上《十渐疏》（又称“十渐不克终疏”），以十条例证，全面、具体、深刻地指出了太宗贞观后期更须引以为戒之处。太宗读后表示要“闻过能改”、“克终善事”，并将此疏写在屏风上，“朝夕瞻仰”，同时抄付史馆，让史官载入史册。贞观十七年正月，魏征病逝，唐太宗非常难过，临朝叹息道："夫以铜为镜，可以正衣冠；以史为镜，可以见兴替；以人为镜，可以明得失。魏征没，朕亡一镜矣！"（《贞观政要·任贤》），并写下《望送魏征葬》[2]。

贞观初年，有人上书请求李世民以计谋清除奸臣。李世民听后，哂然一笑，说道："流水是清是浊，在其水源。君主是政令的发出者，好比水的源头，群臣百姓好比是流水。君主带头伪诈而要求臣下行为忠直，就好比水源浑浊，而希望流水清澈一样，是不合乎道理的。我想使大信行于天下，不想用伪诈的方法破坏社会风气……"。

李世民认为仁君即使是"圣哲"，也当"虚己以受人"，察纳雅言，让"智者献其策，勇者献其力。"正因为唐太宗对臣下能够以诚相待，在其执政期间，除政治、军事方面有卓越成就外，在社会、文教方面都有更张。君臣同心，不会把时间和精力耗费在权力和党派的纷争上，人尽其才、物尽其用，这样的社会是有潜力的，经济和政治发展是高效的。

纵观上下五千年朝代变迁，许多帝王和臣子，一味追求治国之"术"，而忽视了"修德与天下"，不修德而研术，实在是舍本逐末的下乘境界。贞观初年，太宗对监修国史的房玄龄说："比见前后《汉史》（《汉书》），载录扬雄《甘泉》、《羽猎》，司马相如《子虚》、《上林》，班固《两都》等赋，此既文体浮华，无意劝诫，何假书之史策?"唐太宗认为，徒有华丽的文采，而无益于教化，也就不值得载入史册了（摘自《贞观政要·文史》）。

上行下效，正因为唐太宗本人的真诚谦和、从善如流、豁达胸襟，才有唐朝"故远人不服，则修文德以来之"的盛世景象。

2.1.4　宋、元时期的中国教育和科技的发展

宋代的科技发展很快，冶铁、陶瓷、造船和火药技术都远远引领世界，西方人总是惊异于日本武士用的刀的锋利，可是他们不知道，日本的冶铁技术是宋人传过去的。元朝严禁汉人炼铁，因而这些工艺渐衰。南宋的造船技术比18世纪前的任何一个国家都要发达，根据打捞上来的南宋船"南海一号"和相关史料，南宋船长30米，阿拉伯人惊叹道"东方的宝船简直是一个城市"。当时火药已应用于战争，人们制作了当时最好的火器，可是后来元朝严禁汉人制造火药，这项技术没能得到继续发展。南宋时期，皇帝权力受限，诏书必须有皇帝、太后、宰相和三位辅臣联名才会有效，而人民经常集会议论朝政，体现了早期的民主风范。北宋末年罢蔡京杀六贼，是太学生陈宗和十几万百姓联名上书施压的结果，奸臣丁大全当宰相时，太学生陈宗、林则祖等六人上书并联合杭州市民集会要求理宗罢免之。而南宋学风自由活跃，技术人员备受重用也是其他文明国家远不能及的，航运促进了大型贸易，商业文明大发展，城市人口大量增加，伴随着纸币

的流行，民主风气茁壮成长，而此时西方文明依然在昏昏入睡。

日本的内藤虎次郎（1866～1934 年）曾经提到：宋代是一个新时代的开始。“华夏民族之文化历数千载之演进，造极于天水一朝”（邓广铭《〈宋史职官志考证〉序》），“宋文化是华夏民族文化的最高成就，宋文化是今后文化发展的指南，我国民族文化的更新，必将走上‘宋代学术之复兴’或‘新宋学’之建立的道路。”这是陈寅恪的话。李约瑟也提到：宋代是中国“自然科学的黄金时代。”

宋朝既是中国传统文化和经济、科技最发达的朝代，也是中国民主思潮开始萌芽的时代。那个时代，中国占世界 GDP 总量要超过一半多。宋朝的经济实力、科学技术和文明程度在当时都是世界第一。对于中国而言，宋朝就是一个文艺复兴时期。中国的文化这个时候是一种积极的、开放的文化。宋是中国历史上最接近现代管理的朝代。国学大师陈寅恪先生一段说宋的评价是：“华夏民族之文化，历数千载之演进，而造极于赵宋之世。后渐衰微，终必复振。”

其后的元朝，军力强盛，地域宽广，当时的科学技术取得了很高的成就，其中天文学、数学等都居于当时世界先进地位。当时元朝帝国有实力征调大批阿拉伯、波斯等地的科学、技术精英前来中国。这些精英掌握着当时世界上最先进的科学技术，他们大多是伊斯兰教徒。这些伊斯兰教徒和其他先前来华夏的穆斯林一道，与中国其他一些民族经过长时间的融合，遂形成一个新的民族——回族。回族把阿拉伯与波斯甚至希腊及罗马的天文、数学、化学、地理、医学、文学、哲学、历史等各方面知识在中国加以传播和介绍，其中尤以天文、数学等科技图书最多。

几千年来，中国在传统上一贯推崇“学而优则仕”及“重文章轻科技”的思想，例如缔造“天府之国”的李冰父子，远远无法与孔孟、朱熹等思想家或理学家，以及苏轼之类的文学家相提并论。但是这种状况在元朝却有所不同。元朝重视自然科学的发展，其发展状况也是历朝历代所不具备的，由于元代高度鼓励贸易的自由及其特殊的超大疆域，所以形成了一类特殊的科学家队伍，这支队伍与中国本土的科学家一起把元代的科技水平推向了世界的顶峰。

在元朝，天文学方面的科学技术造诣是世界水平的。元世祖忽必烈在尚未登基之前，就征招回族人为星学者。他们翻译并带来诸如托勒密的《天文大集》，伊本·优努斯的《哈基姆星表》等天文学著作。这些在当时都是世界上比较先进的天文图书，他们的引进让中国研究天文学的科学家们开阔了眼界，给中国天文学带来了新的活力。

公元 1260 年，元朝仿造金人的旧制，设立司天台。后来还任用了一大批以札马剌丁为代表的天文学家管理此类工作。札马剌丁等一批天文学家先后在这里工作，为中国天文历算的完善和发展做出了巨大的贡献。这些天文学家们不仅带来或使用一批先进的天文仪器（主要来自阿拉伯及波斯），而且还设计并制造了许多先进的天文仪器。札马剌丁自己制作的天文仪器有多环仪、方位仪、斜纬仪、平纬仪、天球仪、地球仪、观象仪等 7 种，这些仪器，当时在世界上是罕见的。研究科学史的英国李约瑟博士在谈及地球仪时说："除公元前 2 世纪马洛斯的克拉特斯古地球仪外，没有比马廷 · 贝海姆 1492 年的纪录更早的人。"可是札马剌丁的地球仪却诞生于 1267 年，比马廷 · 贝海姆的纪录整整早了 225 年。

札马剌丁的地球仪是球状的，这一概念的提出可以与当时布鲁诺提出的观点相提并论，只不过布鲁诺没有札马剌丁幸运，他最终被当时统治欧洲的教廷烧死。这与当时元朝宽松的科技政策是没法比的。

天文学家郭守敬设计、制造了简仪、仰仪和圭表等天文仪器，比丹麦人第谷的同样的仪器要早 300 年。同时，他主张以实际观测为依据，在全国各地建立了规模庞大的天文监测网。另外，郭守敬还设计、制造了大型计时仪器——七灯漏，该仪器是反映中国古代计时机械制造技术水平的代表作。在历法方面，札马剌丁依照阿拉伯历法编制有《万年历》；而王恂与郭守敬等合作，在反复学习、稽考《哈基姆星表》及其他资料的基础上，于公元 1280 年编制完成一部著名的历法——《授时历》。在编撰《授时历》的工作中，王恂负责推演计算，郭守敬负责实际观测和制作仪器。《授时历》以 365. 2425 天为一年，与地球绕太阳一周的实际时间只有 26 秒的差距，其准确程度相同于现行公历，自元以后一直延续使用了约 360 年。

元朝是继两宋后中国数学跻身于世界水平的黄金时期。中国数学家不但继承、超越了以往的数学成就，而且众多来华穆斯林数学家将先进的数学知识传入中国，使中国的数学研究在元朝有了质的飞跃。公元 1280 年，元代数学家及天文学家王恂与郭守敬等制订《授时历》时，不但列出了三次内插公式（"招差法"），还使用"垛垒、招差、勾股、弧矢之法"进行缜密计算，其中将穆斯林数学家发明的弧三角法应用于割圆术获得"弧矢割圆术"（即球面直角三角形解法）最为称奇。

公元 1303 年，《四元玉鉴》问世。其作者数学家朱世杰将"天元术"推广为"四元术"（四元高次联立方程），并提出"消元"的解法；欧洲则在 1775 年才由法国人别朱提出同样解法。另外，一般认为欧几里德的《几何原本》，是明朝的徐光启在意大利人利玛窦的帮助下翻译并引进中国的，但是有学者认为，在此前的元代，此书已经被来华的穆斯林人带到中国。

鸟瞰元代科技成果应用范围，可以发现其时农业、手工业、畜牧业、交通业、城建业的兴盛无一不与科技成果应用于其中相关。其中郭守敬关于水利建设的科学著作、王祯与鲁明善等关于农业的科学著作，对社会经济的发展进步产生了极大的影响。此外，民间的科技研究和对科技成果的运用推广也推动了社会经济的发展。

在元代，农民在前代制作农具的基础上改革和创造了不少新的农具。后魏贾思勰《齐民要术》记载的农具有30种，而王祯《农书》记载的则有105种，其中不少又属元代的新发明，且多运用于生产，收效显著。在元代，不仅农业科技广泛应用于生产，而且畜牧业科技也有发展并运用到了牧业生产之中，这当然与元时开明统治者重视本族传统的牧业相关，更与众多各族畜牧业科技研究者的努力相关。

元代经济科技的发展还表现于纺织业。其中元时松江乌泥泾（上海旧城西南）人黄道婆于此贡献最大。她年轻时流落海南岛的崖县，从当地黎族人民那里学会了运用制棉工具织崖州被的方法。在元代贞元（1295~1296年）年间回到故乡，教家乡人做造捍、弹、纺、织的工具，人既受教，竞相作为，转货他郡，家既就殷（摘自《南村辍耕录》）。

2.1.5 明、清时期的中国教育和科技的发展

及至明朝，文化和教育有了恢复和发展。明代学术氛围，继承了以往治学的严谨和开明。有了黄宗羲等人“天下为主，君为客”的民主思潮；有了朱载堉等人“凡天地造化，莫能逃其数”的科学理想；有了徐光启等人“盖彼国教人，皆务修身以事上主，闻中国圣贤之教，亦皆修身事天，理相符合”的开放言论。

明代拥有着占全球七成的贸易额，世界第一的耕地面积、军工产值和船只总吨位。“康乾盛世”中人均GDP最高的时期，被明末遗民视作“中产之家，尝旬月不观一金”的贫困末世。“康乾盛世”虽然人口数倍于明朝，然而铁和布匹这两项指标性的工业产品的总产量却始终未能恢复到明末的水平。到1840年，中国工业产量仅为全世界的6%。无论是总产量还是在全世界的比例，都不及200年前的明末。四百年前，一位来访的西班牙人这样描述他眼中的明朝文明：

“他们首先是极其清洁，不仅在他们的屋内，也在街上。”

“这个国家的男男女女都有很好的体质，匀称而且是漂亮的人，略高……他们对外国人很有礼貌。”

“在中国的其他省份，还有制作奇特和优良的炮……他们的炮特别好，我同意这个说法，因为我看过一些架在船上的这种炮，它制造的比我们的好，更加坚实。”

“总之他们不留下一尺未种植的土地，你在全国看不到任何荒地或无收获的地方……”

“我们惊奇地看到那些贵人的良好风度，教养和高尚举止，还有他们在询问他们想知道的事情，以及他们答复我们问题时候的认真。”

四百年后的今天，西方学者这样评价这个处在历史的十字路口的文明：“如果按照人们通常采用的标准，中国在17世纪可以说有过它自己的科学革命。”“此时的中国有独特的教育体系。各类图书十分丰富。中国人富于文明和教养。”

明末清初的科学家宋应星，万历四十三年（公元1615年）他两次考中举人，但以后五次进京会试均告失败。五次跋涉，见闻大增，他说：“为方万里中，何事何物不可闻。”他在田间、作坊调查到许多生产知识。他鄙弃那些“知其味而忘其源”的“纨绔子弟”与“经士之家”。在担任江西分宜县教谕（1638～1654年）期间写成了《天工开物》(图2-1)。

图2-1 《天工开物》书籍

《天工开物》的书名取自《尚书·皋陶谟》“天工人其代之”及《易·系辞》“开物成务”，作者说是“盖人巧造成异物也”（《五金》卷）。全书按“贵五谷而贱金玉之义”（《序》）分为《乃粒》（谷物）、《乃服》（纺织）、《彰施》（染色）、《粹精》（谷物加工）、《作咸》（制盐）、《甘嗜》（食糖）、《膏液》（食油）、《陶埏》（陶瓷）、《冶铸》、《舟车》、《锤锻》、《播石》（煤石烧制）、《杀青》（造纸）、《五金》、《佳兵》（兵器）、《丹青》（矿物颜料）、《曲蘖》（酒曲）和《珠玉》共18卷。包括当时许多工艺部门世代相传的各种技术，并附有大量插图，注明工艺关键，具体描述生产中各种实际数据（如重量准确到钱，长度准确到寸）。

《天工开物》全书详细叙述了各种农作物和工业原料的种类、产地、生产技术和工艺装备，以及一些生产组织经验，既有大量确切的数据，又绘制了123幅插图。全书分上、中、下三卷，又细分做18卷。上卷记载了谷物豆麻的栽培和加工方法，蚕丝棉苎的纺织和染色技术，以及制盐、制糖工艺。中卷内容包括砖瓦、陶瓷的制作，车船的建造，金属的铸锻，煤炭、石灰、硫黄、白矾的开采和烧制，以及榨油、造纸方法等。下卷记述金属矿物的开采和冶炼，兵器的制造，颜料、酒曲的生产，以及珠玉的采集加工等。

我国古代物理知识大部分分散体现在各种有关技术过程的书籍中，《天工开物》也是如此。如在提水工具（筒车、水滩、风车）、船舵、灌钢、泥型铸釜、失蜡铸造、排除煤矿瓦斯方法、盐井中的吸卤器（唧筒）、熔融、提取法等中都有许多力学、热学等物理知识。此外，在《论气》中，宋应星深刻阐述了发声原因及波，他还指出太阳也在不断变化，“以今日之日为昨日之日，刻舟求剑之义”(《谈天》)。

他的著作都具有珍贵的历史价值和科学价值。如在《五金》卷中，宋应星是世界上第一个科学地论述锌和铜锌合金（黄铜）的科学家。他明确指出，锌是一种新金属，并且首次记载了它的冶炼方法。这是我国古代金属冶炼史上的重要成就之一，使中国在很长一段时间里成为世界上唯一能大规模炼锌的国家。宋应星记载的用金属锌代替锌化合物（炉甘石）炼制黄铜的方法，是人类历史上用铜和锌两种金属直接熔融而得黄铜的最早记录。

特别的是，宋应星注意从一般现象中发现本质，在自然科学理论上也取得了一些成就。

首先，在生物学方面，他在《天工开物》中记录了农民培育水稻、大麦新品种的事例，研究了土壤、气候、栽培方法对作物品种变化的影响，又注意到不同品种蚕蛾杂交引起变异的情况，说明通过人为的努力，可以改变动植物的品种特性，得出了“土脉历时代而异，种性随水土而分”的科学见解，把我国古代科学家关于生态变异的认识推进了一步，为人工培育新品种提出了理论根据。

在物理学方面，新发现的佚著《论气·气声》篇是论述声学的杰出篇章。宋应星通过对各种音响的具体分析，研究了声音的发生和传播规律，并提出了声是气波的概念。

宋应星刊印《天工开物》后，还曾任福建汀州府推官（1638 年）、亳州知府(1643 年)。1644 年明亡，他挂冠回乡隐居。由于他的反清思想，《四库全书》没有收入他的《天工开物》，但却在日本、欧洲广泛传播，被译为日、法、英、德、意、俄文，三百多年来国内外也发行了 16 版次（1637 ~ 1977 年)，其中关于制墨、制铜、养蚕、用竹造纸、冶锌、农艺加工等方法，都对西方产生了影响，代表了中国明代的技术水平。

清朝人的铠甲在横飞的子弹面前不堪一击，连努尔哈赤本人也丧身于炮火。但最令他们惊恐的是那由两千年的儒、道、释文化熏陶而成的文化脊梁。一个民族的皇帝可以在亡国时羞愧自缢，写下“朕死无面目见祖宗于地下，去朕冠冕，以发覆面，任贼分裂朕尸，勿伤百姓一人”的沉重语句。一个民族的军人可以在城破被俘后，留下“城亡与亡，我意已绝，即碎尸万段，甘之如饴。但扬州百万生灵，既属于尔，当示宽大，万不可杀”的感人回音。海瑞大胆直言的阵阵清风，顾宪成东林讲学的缕缕回音，徐光启浑天仪前踯躅的片片背影，是这个时代民族的文人的写照。

此后建立的清朝是中国历史上继元朝之后的第二个由少数民族统治中国的时期，清朝对于华夏文化大体上是继承和弘扬的。清朝的黄金时代是康熙和乾隆年间，史称“康乾盛世”。康熙本人喜欢算术、化学和天文，康熙帝在位60多年间清政府奖励垦荒屯田，重视兴修水利，多次减免租税，经济逐步得到恢复和发展。雍正帝继承父业，社会经济继续发展，到乾隆时期，社会经济呈现繁荣景象。

清朝前期的100多年里，农业生产得到了持续发展，耕地方面表现在荒地的大量开垦、耕地面积不断扩大。1661年（顺治十八年），全国耕地面积为526万顷，1722年（康熙六十一年）达到851万顷，到1725年（雍正三年）达到890万顷，耕地面积增加了40%以上；同时人口也迅速地增长到3.6亿。清政府提倡各省因地制宜，采用多种种植方法，使粮食产量大幅度提高。高产作物甘薯的种植，由福建、浙江等省推广到了长江流域和黄河流域。经济作物桑、茶、棉花、甘蔗、烟草的种植面积也扩大了，当时已经成为商品。

康熙帝曾将双季稻的栽培推广到江北部分地区。乾隆时期，清政府提倡改革耕作方法，大力推广多熟种植。广东部分地区收获早稻以后，又插晚稻；收获晚稻以后，再种油菜或甘薯，一年三熟。江西土薄，早稻收获以后不能续种晚稻，就种荞麦，一年两熟。由于南方多熟种植的推广，每年可增产粮食60多亿公斤。

清朝时候，专门从事蔬菜生产的农民增多了。北京郊区的菜农，利用“火室”、“地窖”等设备，在冬季栽培韭黄、黄瓜等新鲜蔬菜，拿到市场上出卖。

乾隆年间，棉花在明末基本普及的基础上，种植更加盛行，原来不种棉花的河北一些地区，栽培棉花的占十之八九。清朝前期，甘蔗种植遍及东南沿海各省。广东一些地方种植的甘蔗，往往上千顷连成一片，远远望去像芦苇一样，台湾更是“蔗田万顷碧萋萋”。烟叶的种植也已推广到全国各地，在“江南、山东、直隶，上腴之地，无不种烟。而耳闻于他省者，亦如之”。清代经济作物的发展，为手工业的进一步发展提供了更多的原料。

在文化上，康乾时期编纂了几部集大成之作，像《四库全书》、《古今图书集成》等，对清理和总结中国历史文化遗产作出了重大贡献。康熙帝及以后的历代清朝帝王对儒家文化都尊崇有加，康熙帝尊孔子为万世师表。

在地理测绘上，康熙时代曾组织人力对全国进行大地测量，经过三十余年的筹划、测绘工作，制成了《皇舆全览图》(图2-2)。这部地图“不但是亚洲当时所有地图中最好的一幅，而且比当时所有的欧洲地图都更好、更精确”（李约瑟《中国科学技术史》第五卷）。最后在《皇舆全览图》的基础上，根据测绘的新资料，制成了《乾隆内府皇舆全图》。在这份地图里第一次详细地绘出了我国的

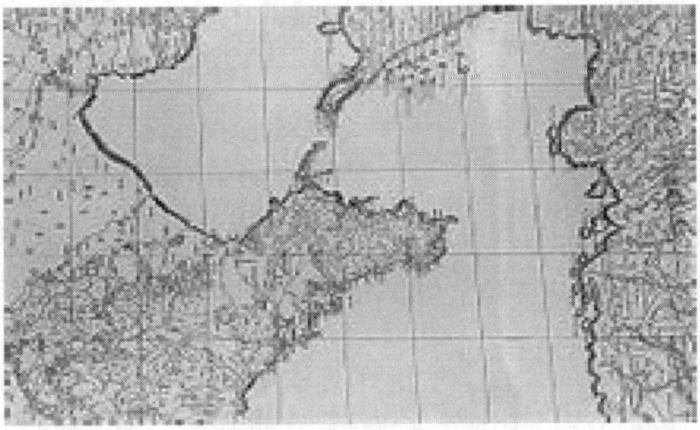

图 2-2 清朝《皇舆全览图》(部分)

新疆地区。这两份地图，至今仍有很大的参考价值。

在建筑艺术上，清代的园林建筑在世界上是享有盛名的。如北京西郊的圆明园，周围广达三十里，拥有150多座精美的宫殿、台阁、宝塔等建筑。从康熙时开始营建，乾隆时基本完成，道光时又有所增修，前后经历一百余年，耗费白银约二亿两。“圆明园”，是由康熙皇帝命名的。玄烨御书三字匾额，就悬挂在圆明园殿的门楣上方。对这个园名雍正皇帝有个解释，说“圆明”二字的含义是：“圆而入神，君子之时中也；明而普照，达人之睿智也。”意思是说，“圆”是指个人品德圆满无缺，超越常人；“明”是指政治业绩明光普照，完美明智。这可以说是在当时衡量明君贤相的理想标准。

另外，“圆明”是雍正皇帝自皇子时期一直使用的佛号。雍正皇帝崇信佛教，号“圆明居士”，并对佛法有很深的研究，著有《御选语录》19卷和《御制拣魔辨异录》。在清初的佛教宗派格局中，雍正皇帝以禅门宗匠自居，并以“天下主”的身份对佛教施以影响，努力提倡“三教合一”和“禅净合一”，是佛教发展史上非常重要的人物。康熙皇帝在把园林赐给胤禛（后为雍正皇帝）时，亲题园名为“圆明园”正是取意于雍正的佛号“圆明”。著名的建筑还有承德的避暑山庄和外八庙、北京的雍和宫等。

在农学方面，清代的农书约有一百多部，尤以康熙、雍正两朝为繁盛。有《钦定授时通考》、《广群芳谱》、《补农书》等著作。其中大型综合性农书《钦定授时通考》，是乾隆二年（1737年）由乾隆帝弘历召集一班文人编纂的。全书规模比《农政全书》稍小。因是皇帝敕撰的官书，各省大都有复刻，流传很广，国际上也颇有声名。

清朝末年，中国的交通事业有所发展。詹天佑是中国第一位杰出的铁路工程师，他主持修建的京张铁路工程之艰巨是当时世界铁路史上罕见的。詹天佑克服了一道道难关，设计出“人”字形轨道，减缓了坡度，降低了造价，比原计划提前两年完工。京张铁路是中国人利用自己的技术力量修成的，在中国铁路史上写下了光辉的一页。

但是清朝时期查禁《天工开物》，禁止前明时期发展的火药技术；限制民间冶炼钢铁和造船的技术；施行文字狱、销毁书籍、剃发易服等不明智的做法，给旗人寄养的特权，使其迅速腐化。统治者轻视科技和闭关锁国，导致中国的科技落后于西方，也造成了清朝晚期社会总是充满太多圆滑世故的保命哲学。

1840 年后帝国主义的入侵，使清廷与侵略者分别缔结了大量不平等条约，割地赔款，开放通商口岸，中国的主权受到严重损害。为挽救自身命运并增强国力，清政府内部部分汉族有识之士遂展开了维新运动，试图革新图强，其中最为著名的是自 19 世纪 60 年代开始的洋务运动。随着洋务运动的开展，全国各地开始先后引入国外科学技术，开设矿业、工厂，建设铁路、架设电报网、修建新式学校、培训技术人才；同时也成立了新的军事工业，逐步改进清军的武器装备和作战方法。代表人物有曾国藩、李鸿章、左宗棠、张之洞等。洋务运动使得清朝的国力有了一定程度的恢复和增强，史称“同治中兴”。至 19 世纪 80 年代，清朝军队的装备与洋务运动之前相比已有了明显的提高；在 1884 年至 1885 年中法战争期间的一系列战役中，清军和法军互有胜负。战后，清朝设立了海军衙门，并建成了近代海军舰队——北洋水师。

洋务运动虽取得了很大的成果，但是由于清朝的维新运动最终未达日本明治维新般的成效，结果导致 1894 年中日甲午战争的失败，并于 1895 年与日本签订《马关条约》。1900 年，八国联军入侵北京。1901 年签订了丧权辱国的《辛丑条约》。清朝的统治风雨飘摇，人民的生活也处在水深火热之中。

1911 年 10 月，武昌起义爆发，各省随后纷纷宣布独立，清朝的统治开始走向瓦解。清帝于 1912 年 2 月 12 日正式退位，并在退位诏书中宣布“即由袁世凯以全权组织临时共和政府”，标志着中国两千多年来的君主制的正式结束。中国建立了第一个资本主义国家——中华民国。

2.1.6　近代的中国教育

民国时期的中国教育，也一直走在世界的前沿。教育乃千秋之大业，民国办教育的很多做法都值得今天借鉴和学习。归纳起来有以下几点：

（1）教育完全免费。中华民国成立后，孙中山立即强调在中国实行免费义务教育。1912 年，中华民国教育部明确规定：“初小、师范、高等师范免收学费。”免费上师范就成了当时很多家境贫穷的学生接受教育的唯一途径，毛泽东就是在湖南师范学校毕业的。1946 年国民政府制定了《教育宪法》，定位为：

“教育文化应发展国民之民族精神、自治精神、国民道德、健全体格、科学及生活智能。”“国家应注重各地区教育之均衡发展，并推行社会教育，以提高一般国民之文化水平。”等等。

（2）教育经费。《教育宪法》规定：“边远及贫瘠地区之教育文化经费，由国库补助之。其重要之教育文化事业，得由中央办理或补助之。”“教育、科学、文化之经费，在中央不得少于其预算总额15%，在省不得少于其预算总额25%，在市、县不得少于其预算总额35%，其依法设置之教育文化基金及产业，应予保障。”

（3）多样化的教育格局。当时的中国是公立学校和私立学校并存，形成了一个参差多态而又富有弹性的“差序格局”。南开中学就是私立学校。私立学校跟公立学校比起来有灵活自由的优点，当时的文化环境足以让私立学校生存并且发展，社会对私立学校没有偏见。

（4）不惜代价办教育。抗战前全国有4亿人，当时的西部只有1.8亿人，抗战爆发后大后方涌入了5千万人口，而当时西部的国民生产总值不到全国的30%，民生工业只占5%，却要养活50%以上的人口。在抗战最艰难的时刻，当时的国民政府却真正实现了免费义务教育！据著名学者何兆武所述：在西南联大上学时，大学生不仅免学杂费，而且还免每天的午餐费，如果学生上学仍然有困难还可以申请助学救济金，且助学救济金在大学毕业后可以不还。同时，抗战客观上为我国的西部教育带来了发展的契机，使西部诸省在基础教育方面有了很大的发展。国民政府教育部于1937年底开始在四川、河南、贵州、陕西、湖南、甘肃、江西、安徽等地先后成立了22所国立中学及3所国立华侨中学，先后培养教育了10万“战区流亡学生”。国务院前总理朱镕基、中国“两弹元勋”邓稼先、当代著名经济学家董辅礽、著名诗人贺敬之、原国防科工委主任上将丁衡高等都是这些国立中学培养出来的。抗日战争结束后，这些国立中学于1946年逐步复原，完成了它们的历史使命，谱写了一部残酷战争期间中国教育的传奇。

这种教育的稳固在于底层的坚实，其积极方面有很多值得我们学习和借鉴。

从以上的论述不难看出华夏民族所具有的非凡的创造性才智和他们对世界文明做出的巨大贡献。科技的发展和文化的复兴往往是相伴而行，中华文明五千年朝代更迭，虽然有外族的入侵，但是都被博大精深的儒、释、道汉文化所同化，这无疑源自于儒、释、道文化本身的智慧和开阔的通融性，博大精深的儒、释、道文化缔造了中华民族数千年的璀璨文明，也开启了先人的智慧，使他们将对自然、人生、社会的看法化血于肉，融于日常的生活和作品创作之中，为我们留下了宝贵的物质和精神财富。

下面以都江堰工程和老北京城市规划为例具体阐述。

实例一：传统文化的理念和智慧在都江堰水利工程中的具体体现

都江堰是全世界迄今为止仅存的一项伟大的生态工程，也是一项充满智慧的工程项目，如果用今天的标准来衡量，就是一项科技创新项目。与之兴建时间大致相同的古埃及和古巴比伦的灌溉系统，以及中国陕西的郑国渠和广西的灵渠，都因沧海变迁和时间的推移，或湮没，或失效，唯有都江堰，建堰2300多年至今依然发挥效益，滋润着天府之国的万顷良田。

都江堰，位于四川省都江堰市城西，由秦国蜀郡太守李冰及其子率众于公元前256年左右修建，见图2-3。李冰建堰初期，都江堰名称叫"湔堋"，这是因为都江堰旁的玉垒山，秦汉以前叫"湔山"，而那时都江堰周围的主要居住民族是氐羌人，他们把堰叫做"堋"，都江堰就叫"湔堋"。

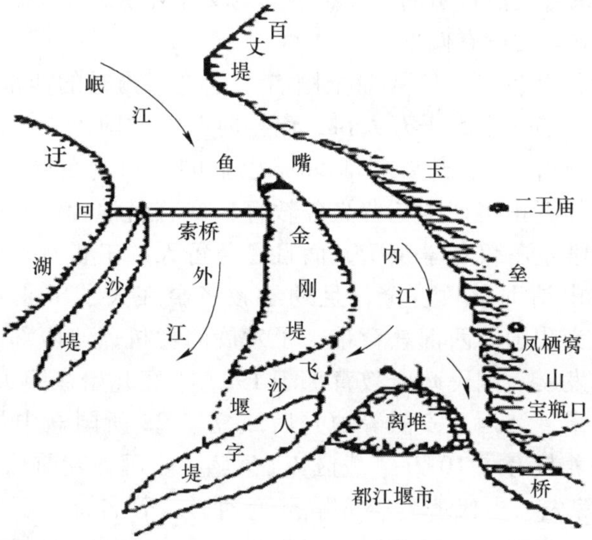

图2-3　都江堰水利工程地形图

三国蜀汉时期，都江堰地区设置都安县，因县得名，都江堰称"都安堰"。同时，都江堰又叫"金堤"，这是突出鱼嘴分水堤的作用，用堤代堰作名称。唐代，都江堰改称为"楗尾堰"。因为当时用以筑堤的材料和办法，主要是"破竹为笼，圆径三尺，以石实中，累而壅水"，即用竹笼装石，称为"楗尾"。直到宋代，在宋史中才第一次提到都江堰："永康军岁治都江堰，笼石蛇决江遏水，以灌数郡田。"[3,4]

成都平原本是一块盆地，它的西北是绵延的岷山山系。发源于成都平原北部岷山的岷江，沿江两岸山高谷深，水流湍急；到灌县附近，进入一马平川，水势浩大，往往冲决堤岸，泛滥成灾；从上游挟带来的大量泥沙也容易淤积在这里，抬高河床，加剧水患，这样天府之国就会变成一片泽国；特别是在灌县城西南面，有一座玉垒山，阻碍江水东流，每年夏秋洪水季节，常造成东旱西涝。李冰父子设计的都江堰从根本上解决了这一水患。

从总体看，都江堰的结构设计极为简单纯朴，它充分利用当地西北高、东南低的地理条件，根据江河出山口处特殊的地形、水脉、水势，乘势利导，无坝引水，自流灌溉，使堤防、分水、泄洪、排沙、控流相互依存，共为体系，保证了防洪、灌溉、水运和社会用水综合效益的充分发挥。都江堰工程主要包括鱼嘴分水堤（见图 2-4）、飞沙堰溢洪道、宝瓶口引水口等，其中主体“鱼嘴”是都江堰的分水工程，因其形如鱼嘴而得名，它昂首于岷江江心，把岷江分成内外二江。西边叫外江，俗称“金马河”，是岷江正流，主要用于排洪；东边沿山脚的叫内江，是人工引水渠道，主要用于灌溉；鱼嘴的设置在洪、枯水季节不同水位条件下，起着自动调节水量的作用。

图 2-4　都江堰水利工程“鱼嘴”分水工程

都江堰结构设计中的创新点之一在于鱼嘴分水工程的设计。鱼嘴所分的水量有严格的比例。春天，岷江水流量小，灌区正值春耕，需要灌溉，这时岷江主流直入内江，水量约占六成，外江约占四成，以保证灌溉用水；洪水季节，二者比例又自动颠倒过来，内江四成，外江六成，使灌区不受水潦灾害。在壁上刻的治水《三字经》中说的“分四六，平潦旱”，就是指鱼嘴这一天然调节分流比例的功能。“鱼嘴”分水工程分水原理如图 2-5 所示。

在数学里有一个非常奇特的数 0.618，称之为黄金数。它有着令人不可思议的代数和几何性质。按照 0.618 的比例来分割，称之为黄金分割，所以 0.618 也称为黄金比例。黄金分割有着独特的最优性质。“分四六”正好是黄金分割。

分入内江的水，流下去约 1000 米，就到了“宝瓶口”。“宝瓶口”是人工从玉垒山凿开的一个 20 米宽的口子。由于像瓶口，就叫它宝瓶口。一进此口，水就被引向东，灌溉川西平原。分水堰两侧垒砌大卵石护堤，靠内江一侧的叫内金

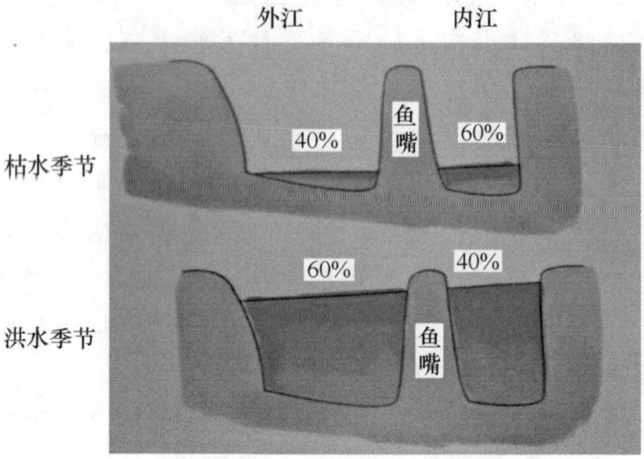

图2-5 都江堰水利工程“鱼嘴”分水工程分水原理示意图

刚堤，外江一侧叫外金刚堤。分水堰建成以后，内江灌溉的成都平原就很少有水旱灾了。此后，为了进一步控制流入宝瓶口的水量和防治泥沙淤积在宝瓶口的入水口，在鱼嘴分水堤的尾部，又修建了分洪用的平水槽和飞沙堰溢洪道。

都江堰结构设计中的另一创新点在于飞沙堰溢洪道工程的设计。飞沙堰溢洪道位于金刚堤尾部、离堆前端，长约200米，高2.15米，其作用是当内江水量较小的时候，拦水进入宝瓶口，起着河堤的作用，保证灌区水量。当洪水季节水量较多时，大量的江水由于受到宝瓶口的阻拦并在此淤积，当超过溢洪道的高度时，多余的水就会自动排泄到外江，如遇特大洪水的非常情况，它还会自行溃堤，让大量江水泄入外江。“飞沙堰”的另一作用是“飞沙”，岷江水从万山丛中急驰而来，挟着大量泥沙、石块，如果让它们顺内江而下，就会淤塞宝瓶口和灌区，李冰巧妙地利用宝瓶口前面三道崖的弯道环流地形和水势，利用弯道流体力学原理——离心力作用和漫过飞沙堰流入外江的水流的漩涡作用，简单易行地解决了河沙淤积这个国际上水利工程的难题，让飞沙堰自动排去内江泥沙量的75%。甚至重达千斤的巨石，也能从这里抛入外江，确保内江通畅。

“深淘滩，低作堰”是都江堰的治水名言。淘滩是指飞沙堰一段、内江一段河道要深淘，深淘的标准是古人在河底深处预埋的“卧铁”。岁修淘滩要淘到卧铁为止，才算恰到好处，才能保证灌区用水。低作堰就是说飞沙堰堰顶不可修筑太高，以免洪水季节泄洪不畅，危害成都平原。古时飞沙堰，是用竹笼卵石堆砌的临时工程，如今已改用混凝土浇筑。

都江堰没有修一道坝横截洪水，而只是用流笼筑成。所谓流笼，是用青竹剖开以后，浸过桐油或石灰，增加它的纤维拉力，以及防水渍的腐蚀力。再将这种处理过的青竹，编织成长数丈、直径1米多、有六角形空洞（俗称胡椒眼）的竹笼。然后把大大小小圆形近似鹅卵的石块（俗称鹅卵石）填到这竹笼内，就做成了流笼（图2-6）。流笼每年需要检查一下，发现了腐朽的流笼，就更换新的，流笼的一大优点就是能收集砂砾和小块卵石。如今为了一劳永逸地解决问题，用混凝土坝取代流笼，就失去了流笼积聚细沙和碎石的功效。

图2-6 都江堰水利工程的流笼和杩槎示意图

岁修是每年必须进行的维护都江堰的活动。岁修的方法是在每年水量最小的霜降时节，在鱼嘴西侧，用杩槎（就是马扎）在外江截流，使江水全部流入内江，然后淘挖外江和外江各灌溉渠道淤积的泥沙。到第二年立春前后，外江岁修完毕，把杩槎移到内江，让江水流入外江，然后再淘挖内江河槽，进行平水槽和飞沙堰的岁修工程。清明节前，内江岁修完毕，撤除杩槎，开始放水灌溉。

与岁修相关的一个重大活动是放水仪式。岁修大约在清明节时完成，然后砍杩槎放水。放水时鸣放爆竹，敲锣打鼓乐，热闹而隆重。堰工们先卸去压盘石和压盘木，将土埂挖至水面，折去水面以上搪梁，砍断岭子木，再砍断盘杠结点竹线，拉倒撑子木和座兜，最后用大绳绑住“揭脑顶”，拉倒揭搓放水。砍揭搓放水后，更有许多祭祀仪式，这些仪式不是庆祝胜利，而是表达对江水滋养的感恩。

修建都江堰的一切都直接取之于自然，借助于自然，而又完全融于自然。建成后的都江堰不是一个独立于自然的新建工程，而是成为自然的协调而不可分的一部分。世界上的一切成型的东西都是生命体，都会有一个生命的循环过程。而当一个生命体完全与自然融为一体的时候，它的生命就同自然关联起来了。自然不坏，他的生命就得以存在。这些都是都江堰生命不衰的很关键的原因。

中国古代“天人合一”的思想在整个都江堰的工程中体现得最为充分。借自然之力以用其妙，化害为利，与自然和谐共处，这一直是人类科技发展的终极追求。现代科学技术和手段，过度依赖于数值分析和计算，忽视自然与生命相关联的一面，对自然的感悟能力不断减弱，如此巧借天力的水利工程设计在现代近乎绝迹。相反，2300多年前的都江堰设计者李冰并不知晓现代物理学的诸多名词，凭借对自然生命的观察和感悟，设计出了如此完美的都江堰。

中国古人崇尚："人法地，地法天，天法道，道法自然。""天人合一"的思想说明了人与自然、人与人、人与周围的一切的关系。"天人合一"首先认为，这个世界是一个统一的世界，都是由天地演化而来的，天下万物之间是一种全息关系，即部分映射着整体，并凝聚着整体的各种信息。孟子曰"万物皆备于我"就体现着这种理念。此外中华文化看问题，不仅重视全局、联系，而且认为这种联系是变化的，不是静止的。从都江堰的成功经验可知，都江堰工程的设计不仅仅在空间上与周围环境相协调，在时间上也考虑到了四季的水量变化对堰体的要求。所以这种"天人合一"的理念所蕴含的系统观层面博大精深，不仅仅体现在一时一处和一事，而是时空上的全面考量。

"天人合一"的系统观理念化血于肉于整个民族的思维模式，也创造了中华文化五千年辉煌的文明史，治河治水、治国治民、建筑风水、中医、武术、预测、军事和社会结构等无不得益于这种东方哲学理念。在中华民族五千年文明史中，有许多古人曾经探讨过治河方策。在中国五千年文明史上有鲧治水失败和禹治水成功的经验和教训，古人提出治江四策，分别是蓄、拦、疏及抗，其中疏导为上策。唐宋八大家、北宋六大家也都提出过治河观点。清朝时候福建人章朝栻曾以治国之道、治民之法、治河之策、治兵之制成为太子嘉庆的老师，其中治河之策结合东南沿海连江的治水经验，写的有理有据，内容翔实。

中国的古人说："君子施恩不图报，知恩不报是小人"，"受人滴水之恩，他日当涌泉相报。"这种敬天感恩的文化理念是儒道文化的精髓。报恩体现在方方面面，对待自然（天、地），要像对待父母一样，按其本性来敬养它，这样就能够得到自然的恩惠。孟子说，不违农时，粮食就吃不完；不把细密的网撒向大湖深池，鱼类水产就吃不完；伐木砍树能遵守规定的季节，木材就用不完。中国古人崇尚以和为贵，与天地自然和谐共处，如今一谈到开发，就要以牺牲自然环境为代价，这是没有根据的。

此外，飞沙堰的排沙功能利用的是洪水本身的冲击力，用洪水自身的冲力自动排沙，中国古人智慧中的"四两拨千斤"，太极中的云手，借力打力在都江堰的设计中也有体现。这种将自然界已有的力量加以疏导和重新调整，化害为利的设计是一种最经济和实用的设计思路。

实例二：北京古代建筑的和谐理念和现实启示

北京作为历史文化名城，留存了大量古代建筑，用生动具体的形象书写着这座城市的历史和变迁。无论是城垣、宫殿、民居、苑囿，还是坛庙、陵墓、寺观等等，从政治、经济、文化及社会生活等的各个方面都镶嵌着时代的印迹。在长达几千年的历史中，北京有600余年处于国家统治的中心，那个时代的理念也通过建筑得以反映。古时的和谐理念，其标志代表着秩序，这种秩序是社会环境的稳定、人际关系的有序，进而整个社会处于有序的状态。

这种有序体现在社会各个领域的方方面面，包括建筑，建筑的和谐可以从建筑的结构、色彩、高度，甚至是建筑物之间的相互关系体现。北京的古代建筑所创造的辉煌是值得我们骄傲的。现存的明清北京城7.8公里的中轴线以及所组成的城市对称格局，金碧辉煌的宫殿群以及围绕着它所形成的不同的建筑结构、建筑色调，构成了和谐统一的景观。“尊卑有序”、“天人合一”的理念通过这些建筑体现得淋漓尽致。在北京的古代建筑中，我们领略到了人与自然、人与人、人与社会环境的和谐相处。

如今我们看到的明清时期的北京城所有留下来的宫殿建筑群、城垣遗址，基本上都是在元大都的基础上建立起来的，在《马可波罗游记》中描绘了东方一个无与伦比的城市——大都城，在马可波罗的笔下，大都城“其美善至极，未可宣言”。如今我们已经无法领略当年的辉煌，但是，现存的明清北京城的建筑遗存，足可以让我们为600年前的城市建筑而感到自豪。在元大都的设计过程中，主要的设计者刘秉忠秉承了儒家的思想，按照《周礼·考工记》对都城的设计理念，“匠人营国，方九里，旁三门，国中九经九纬，经涂九轨，左祖右社，面朝后市”，同时又受到道家思想的影响，“人法地，地法天，天法道，道法自然”，使“天人合一”的思想与儒家思想在大都城的建设规划中得以充分体现。元大都以城市中心的什刹海这片水域为中心，城市的建筑在对称式的城池中建设，以后的明清北京城，基本上沿袭了这种建设格局。整个城市等级森严，分为内城、皇城、宫城，全城以中轴线为中心，形成北京城的脊柱，城市的中心是金碧辉煌的皇宫建筑，西侧有三海组成的宫苑，以它的特有景观和妩媚调剂了中轴线的单一，宫殿四周是井然有序的街道和胡同，胡同的布局均在大街两侧，居民在胡同居住，安宁祥和。由于城市的大街多是南北走向，大街上的店铺及酒楼、餐馆东西排列，给人以井然有序的感觉。而且这种南北向的街井适合车流、人流的分散，对交通的分流远远优于半封闭式的环路。

散置在城市四处的庙宇寺观以其独特的建筑形式点缀着城市，宫殿以外的灰色调民居衬托起宫殿的红墙金瓦，更显恢宏。绿树与流经城市的河流又带来生机和活力，我们常说树林是城市的肺，绿树和河流对环境的保护远比广场式的建设更有效。

老北京的城市规划使人与自然、人与人之间的和谐关系得到充分的体现。作为帝王之都，城市的核心是帝王，所有的建筑形式都体现在帝王的君权神授的地位之上。城市建筑的方方面面，包括建筑形式、建筑布局、建筑色彩，都通过“天人合一”、“天人感应”得到充分体现，成为城市的主导意识。

在具体的建筑个体来看，无论是建筑结构、建筑装饰都在体现着秩序、和谐的理念，皇帝、王公、百官、士庶的建筑大小、装饰物的选择，等级森严，皇宫的建筑结构要求是体现“九五之尊”。皇宫大门的门钉横竖是9个，成为定数，王府百官的大门则按照所处的地位依次递减，其他的规定也很明确，明洪武二十四年（1391年）规定：“公侯伯前厅中堂后堂各七间，门屋三间，俱用黑板瓦盖，屋脊用瓦兽，梁栋斗拱檐桷彩色绘饰，门窗枋柱俱用黑漆油饰，门兽梁面摆锡环，家庙三间，俱用黑板瓦盖，屋脊用花样瓦兽，梁栋斗拱檐桷彩色绘饰，门桷枋柱用黑漆或黑油饰，其余廊庑库厨等房从宜盖造，梁栋斗拱檐脊，青碧绘饰。门三间，门用绿油兽面摆锡环，俱不得过厅堂正屋制度。一品二品厅堂各七间，屋脊许用瓦兽，梁栋斗拱、檐桷青碧绘饰，门屋三间，门用绿油兽面摆锡环。三品至五品与二品同，但门用黑油摆锡环。六至九品，厅堂各三间，梁栋止用粉青刷饰，正门一间，用黑油铁环……庶民房屋，不过三间五架，不许用斗拱及彩色装饰。”（《天府广记》卷之十六《礼部》下，第189页，北京出版社，1962年）。无论朝代更替，这种等级制度却一个朝代一个朝代稳定地延续下来。

在建筑装饰中，动物中的龙、虎、凤、龟四神兽和狮子、麒麟、鹿、鹤、鸳鸯等，植物中的松、竹、梅、菊、兰、荷等花草，都在建筑装饰中占有突出的地位。中国古人用荷来反映君子出污泥而不染，用松、竹、梅象征人品的高洁，有形象的比拟，谐音的比拟，以此来展现“天人合一”，反映对美好生活的追求和向往，崇尚和弘扬美好的道德理念。这些理念反映了当时稳定的社会基础，代表了北京古代城市特有的人与自然、人与人、人与社会的和谐关系。

民居是北京古建筑中的重要组成部分。由房屋和墙围成正方形或长方形之院落，即由正房、东西厢房和倒座形成四合院，或无倒座形成三合院，并由多个院落前后或左右扩展，以门、回廊相连接，构成较大的建筑群体。这种布局形式，适合于中国古代的宗法礼教制度需要，同时又与阴阳五行、风水学说相结合，使家庭成员在长幼、尊卑、主仆、男女之间，在房屋的居住使用上体现出来。

北京正规四合院，大门辟于宅院东南角“巽”位。四合院中间是庭院，院落宽敞，庭院中植树栽花，有的备缸饲养金鱼，是四合院布局的中心，也是人们穿行、采光、通风、纳凉、休息、家务劳动的场所。在规整的四合院中进了大门还有垂花门、月亮门等等。垂花门是四合院内最华丽的装饰门，作用是分隔里外院，门外是客厅、门房、车房马号等“外宅”，门内是主要起居的卧室“内宅”，体现着在居住环境中的“内外有别”。四合院的雕饰图案以各种吉祥图案为主，如以蝙蝠、寿字组成的“福寿双全”，以插月季的花瓶寓意“四季平安”，还有“子孙万代”“岁寒三友”“玉棠富贵”“福禄寿喜”等等，展示了人对美好生活的向往。北京四合院内讲究种树种花，花有丁香、海棠、榆叶梅、山桃花等，树多是枣树、槐树。花草除栽种外，还可盆栽、水养。盆栽花木最常见的是石榴树、夹竹桃、金桂、银桂、杜鹃、栀子等。清末民初有句俗语形容四合院内的生活："天棚、鱼缸、石榴树，老爷、肥狗、胖丫头"，可以说是四合院生活典型的写照。四合院中住正房的一定是一家之主，东厢房又因为左为贵，由长子居住。而倒座房一般是佣人来住。"尊卑有序"在四合院中得以完整的体现。平铺规整的院落组合不仅具备了较为舒适的居住环境，还创造了接近自然、利于人际交往（本家、本族）的和谐状态，在小小的自我天地中，一家人可以享受天伦之乐。院落方整的空间，也符合中国人以不变应万变的理念。

歌德曾经说"建筑是凝固的乐章"，我国著名的建筑师梁思成先生在其作品《千篇一律与千变万化——音乐、绘画、建筑之间的通感》中也提到"古今中外的无数建筑，除去极少数例外，几乎都以重复运用各种构件或其他构成部分作为取得艺术效果的重要手段之一"。这如同乐章的主题的不断重奏。

在这点上梁先生最为推崇的要数北京的故宫了，"历史中最杰出的一个例子是北京的明清故宫。从已被拆除了的中华门（大明门、大清门）开始就以一间接着一间，重复了又重复的千步廊一口气排列到天安门。从天安门到端门、午门又是一间间重复着的'千篇一律'的朝房。再进去，太和门和太和殿、中和殿、保和殿成为一组'前三殿'与乾清门和乾清宫、交泰殿、坤宁宫成为一组的'后三殿'大同小异的重复，就更像乐曲中的主题和'变奏'；每一座的本身也是许多构件和构成部分（乐句、乐段）的重复；而东西两侧的廊、庑、楼、门，又是比较低微的，以重复为主但亦有相当变化的'伴奏'。然而整个故宫，它的每一个组群，每一个殿、阁、廊、门却全部都是按照明清两朝工部的'工程做法'的统一规格、统一形式建造的，连彩画、雕饰也尽如此，都是无尽的重复。我们完全可以说它们'千篇一律'。

但是，谁能不感到，从天安门一步步走进去，就如同置身于一幅大'手卷'里漫步；在时间持续的同时，空间也连续着'流动'。那些殿堂、楼门、廊庑虽然制作方法千篇一律，然而每走几步，前瞻后顾、左睇右盼，那整个景色的轮廓、光影，却都在不断地改变着，一个接着一个新的画面出现在周围，千变万化。空间与时间、重复与变化的辩证统一在北京故宫中达到了最高的成就（图 2-7）。

颐和园里的谐趣园，绕池环览整整三百六十度周圈，也可以看到这点。

至于颐和园的长廊，可谓千篇一律之尤者也。然而正是那目之所及的无尽的重复，才给游人以那种只有它才能给人的特殊感受。大胆来个荒谬绝伦的设想：那八百米长廊的几百根柱子，几百根梁枋，一根方，一根圆，一根八角，一根六角……；一根肥，一根瘦，一根曲，一根直……；一根木，一根石，一根铜，一根钢筋混凝土……；一根红，一根绿，一根黄，一根蓝……；一根素净无饰，一根高浮盘龙，一根浅雕卷草，一根彩绘团花……；这样'千变万化'地排列过去，那长廊将成何景象！

有人会问：那么走到长廊以前，乐寿堂临湖回廊墙上的花窗不是各具一格、千

图 2-7　北京故宫神武门鸟瞰图[5]

变万化的吗？是的。就回廊整体来说，这正是一个‘大同小异’、大统一中的小变化的问题。既得花窗‘小异’之谐趣，又无伤回廊‘大同’之统一。且先以这些花窗的小小变化作为廊柱无尽重复的‘前奏’，也是一种‘欲扬先抑’的手法。

翻开一部世界建筑史，凡是较优秀的个体建筑或者组群，一条街道或者一个广场，往往都以建筑物形象重复与变化的统一而取胜。说是千篇一律，却又千变万化。每一条街都是一轴‘手卷’、一首‘乐曲’。千篇一律和千变万化的统一在城市面貌上起着重要作用。”[7]

一个好的城市是有生命的，有过去，有现在，有未来；有血，有肉，有灵魂，其中信仰是一个城市的灵魂。无论是古希腊的雅典娜神庙，还是古老北京的天坛、地坛，都能看到城邦或国家的信仰元素。现代社会以法律维系人间公平、公正和安定，与法律这种刚性约束不同的是，文化约束是柔性的。在人类社会，社会的伦理价值观常常是通过文化具体反映出来的，而文化又体现在建筑、音乐、舞蹈等具体形式上，好的文化和道德体系是社会赖以存在、安定和和谐的基础，也是人类共有的物质和精神财富。

1972 年，由全球专家组成的民间智囊组织罗马俱乐部发表了著名的研究报告《增长的极限》，指出人类的生产不可能无限制地增长下去，首次在全球范围唤起了人类对环境与发展问题的极大关注。早在 20 世纪 80 年代，联合国“世界环境与发展委员会”发表了影响全球的题为《我们共同的未来》的报告就指出：环境危机、能源危机和发展危机不能分割；地球的资源和能源远远不能满足人类发展的需要。据此，报告提出了“可持续发展”的概念。但其实中国早在公元前就有保护和合理利用自然资源的理论，即“天人合一”的系统观，提出要与自然和谐相处。我们现在提倡的可持续发展、低碳生活这些先进的理念，中国早在公元前就有，它使得中国拥有过灿烂辉煌的传统文明。

2.2 传统文化中的优秀教育理念及其对现代教育和学生创新素质培养的启示

中国台湾学者凌纯声在他的《中国古代海洋文化与亚洲地中海》一文中指出，中国大陆的整个海岸线和太平洋上的堪察加、千岛、日本、朝鲜、琉球、中国台湾、菲律宾、印度尼西亚（除新几内亚）、印度支那等半岛与岛，构成了一个广袤的内海即“亚洲地中海”。而整个环太平洋的远东海洋古文化，则起源于中国大陆东岸，它是东亚、东南亚、大洋洲、南北美洲的文化源头，同时，也是隐藏在中国文化即一般所说的中原文化下面的更为古老的“基层文化”。华夏文明是本期人类文明中最古老的文明之一，以信仰为本，以道德为尊，敬天知命，感恩惜福。溶于这种文化的中国人，崇尚“真诚”、“向善”、“忍辱”、“天人合一”，相信善恶有报，把仁义礼智信作为基本的行为准则。在中国古代社会，有非常深厚的伦理道德作为规范人们的行为准则，维系着社会的良知，讲究对待他人合乎礼节，对待自然要尊重，取舍合乎限度，这套伦理道德体现在社会生活的方方面面，包括“天人合一”的建筑风水理念、医学、预测、军事、武术和治国治民及教育等，也缔造了灿烂辉煌的东方文明。

中华文化博大精深，长期以来，中国古人通过内向思维，即内省来达到对外部世界的认识，内心领悟和对外观察被很好地结合起来。这样的思维和认识世界的方式，使得中国古人在认识世界时，偏重综合而不是分析，直觉而不是归纳，取象比类而不是逻辑推演，整体观察而不是分割实验，注重研究的是世界和万物的生成、演化和持续，而不是其实体构成及其空间中的展开。东方科学的发展路线和西方实证科学的发展路线是不同的[8]。

也就是说，东方科学的发展直接针对人体、生命和宇宙，以道德的提升带动个体的技艺提高，带动整个社会的良性发展。以书法为例，人们知道“人品不高，用墨无法”，习武之人要重武德。这个道理如果推广到社会各个领域，“人品不高，奏乐无法”，“人品不高，舞蹈无法”……现代科学也发现好的音乐可以通畅人的身心，带来身体向良性和健康的方向发展，甚至可以治愈部分疾病，而某些现代派的重金属音乐，有时会伤及健康和生命（见江本胜的《水知道答案》[9]）。所以任何技艺的发展一定要以道德为前提。

中国古人非常注重道德，并且创造性地将器物的特质比拟于人的德行，许慎在《说文解字》中说："玉，石之美者，有五德：润泽以温，仁之方也；理自外，可以知中，义之方也；其声舒扬，专以远闻，智之方也；不挠而折，勇之方也；锐廉而不忮，洁之方也。"也就是说玉是美好的石头，有五德"仁、义、智、勇、洁"。这其中"润泽以温，仁之方也"是说玉的颜色、质地，光泽温润柔和，滋益万物或恩泽万物，是玉石富有仁德的表现；义理是指玉石的纹理。"白外可以知中"即根据玉石的外部特征可以了解它的内部情况，形容玉石表里如一，内外一致，这是玉石富有正义感、实事求是的表现；玉智是指优质的玉石可以制作乐器，因玉质地坚硬细腻，故击之声音舒展清扬，散播四方，听起来和悦，这是玉石富有智慧和远谋的表现；玉勇是指玉石虽硬度不算太高，但韧度在自然宝玉石中居首，所以有宁折断而不弯曲，显坚贞不屈的勇敢精神，即使折断也是"宁为玉碎，不为瓦全"；玉洁是指"美玉无瑕，白玉无瑕"之美德，也指廉洁、清廉。

《礼记 · 聘义》也记载孔子曰："夫昔者，君子比德于玉焉。温润而泽，仁也；缜密以栗，知也；廉而不刿，义也；垂之如队，礼也；叩之其声清越以长，其终诎然，乐也；瑕不掩瑜，瑜不掩瑕，忠也；孚尹旁达，信也；气如白虹，天也；精神见于山川，地也；圭璋特达，德也；天下莫不贵者，道也。诗云：言念君子，温其如玉，故君子贵之也。"这是孔夫子从儒学理论的角度，"比德于玉"，把玉的物理性质同道德相联系，提出玉的仁、智、义、礼、乐、忠、信、天、地、德、道十一德。

玉被赋予了"宁为玉碎，不为瓦全"的爱国主义气节；"化干戈为玉帛"的友爱风尚；"润泽以温"的随和坦荡；"瑕不掩瑜"的清正廉洁以及"锐廉不挠"的开拓进取。维吾尔谚语说："宁做高山上的白玉，勿作巴依堂上的地毯"，反映了华夏民族对自由的共同热爱和向往，以及对高洁品格的不懈追求。

把世间万物的表象、特征和物性与做人的原则、道德规范以及精神境界相比附，是传统文化道法自然思想的典型表现。朱熹《诗集传》中讲："比者，以彼物比此物也。"

以水为例，老子曰："上善若水。水善利万物而不争，处众人之所恶，故几于道。居善地，心善渊，与善仁，言善信，正善治，事善能，动善时。夫唯不争，故无尤。"这也是比德，但比的不是人之德，而是道之德。

《孔子家语 · 三恕》："孔子观于东流之水，子贡问曰：'君子所见大水必观焉，何也？'孔子对曰：'其不息，且遍与诸生而不为也。夫水似乎德，其流也则卑下，倨邑必循其理，此似义；浩浩乎无屈尽之期，此似道；流行赴百仞之嵘而不惧，此似勇；至量必平之，此似法；盛而不求概，此似正；绰约微达，此似察；发源必东，此似志；以出以入，万物就以化洁，此似善化也。水之德有若此，是故君子见，必观焉。'"这里是说水有德、义、道、勇、法、正、察、志、善化九德。

以上这种以彼物比此物不仅仅体现了一个民族的审美情趣、生活格调，也体现了一个民族的做人态度、处事态度和生活态度。传统文化中的智慧如果加以善用，可以启迪人、感化人。

2014 年 11 月，习近平主席在 APEC 欢迎宴会上的致辞中有一段借水的寓意阐述合作发展之愿的讲话，他说："我们之所以选择水立方来举行这个晚宴，是因为水在中国文化中具有重要的象征意义。2000 多年前，老子说：'上善若水，水利万物而不争'，意思就是说最高境界的善行就像水一样涓涓细流，泽被万物。亚太经合组织以太平洋之水结缘，我们有责任使太平洋成为太平之洋，友谊之洋，合作之洋，见证亚太地区和平、发展、繁荣、进步。这是一个富有意义的夜晚，我们为亚太长远发展的共同使命而来，应该以此为契机，一起勾画亚太长远发展愿景，确定亚太未来合作方向。明天我们将相会在燕山脚下雁栖湖畔，正式拉开领导人会议的序幕。孔子说：'智者乐水，仁者乐山'，那儿有山有水，大家可以智者见智，仁者见仁，共商亚太发展大计，共谋亚太合作愿景。"

传统文化中的教育理念和实践，经数千载传承和发展，极具科学的应用价值，对现代教育具有很高的实践指导性和社会现实意义。传统教育主张"善子弟，如养芝兰，既积学以培之，更须积善以润之"，十分注重从社会需要出发，努力培养孩子的人格理想、生存技能、行为品质；注重为孩子"种德"，向孩子"传清白"，替孩子"择良师"，教孩子"学理法"；注重塑造孩子的社会良知、忠孝气节、谦虚胸怀、崇高品质和以天下事为已任的生存理念。然而，现代教育中出现了一种越来越远离教育本质的倾向，更多的是看重孩子的学习成绩，深陷"分数第一"的误区，因而也就忽视和扼制了孩子的健康人格、生存能力的培养和形成。现代教育理论认为：在确保孩子身体健康的前提下，家长最重要的任务，应是帮助孩子树立"做人第一、能力第二、成绩第三"的正确理念。这在传统教育实践中，早就有着成功的经验。健康的人格和优良的品质，始终是一个人发展的根本基础。品行端正，能力强，有社会责任感的人，任何时候都可以根据需要，自我发展，自我完善。强调德、能的重要，绝不是否定学习成绩，关键是摆正顺序和位置。如果一个人在品德上出了问题，缺失了良知，缺乏了责任，有再多的知识，都可能无用，甚至会很有害，对家庭和社会，都是悲剧。

父母到底应该给予孩子什么，在畅销书《The 7 Habits of Highly Effective People》里提到是"根和翅膀"，根可以是一个家族优良品质的传承，而翅膀则是孩子独立飞行的能力。在东西方，子女早期的教育都是从家庭开始，而中国古人对子女的家庭教育自成体系，留下了很多好的传承，这种传承以家族为核心，大的家族往往都有自己的家训，例如：唐天祐年间，福建浦城章仔钧公为后世子孙留下的《太傅仔钧公家训》传承儒家的仁义思想，是历代家训中少有之精品。家训开宗明义，第一句话就指出："传家两字，曰耕与读；兴家两字，曰俭与勤；安家两字，曰让与忍；防家两字，曰盗与奸；败家两字，曰嫖与赌；亡家两字，曰暴与凶。"可谓言简意赅，浅显易懂，融情于理，藏爱于义。他的四"患"训诫更具哲理："子孙不患少而患不才，产业不患贫而患喜张，门户不患衰而患无志，交流不患寡而患从邪。"要求子孙"尽本求实"作为立身之本，切记"潜消未形"犹如防患未然。家训对家庭成员中的团结问题，也有精辟的论述："休存猜忌之心，休听离间之言，休作生愤之事，休专公共之利"。阐明了以和为贵，家和万事兴的儒家思想。

大家族中不仅有家训，有的还有家祠，现今留存的广州的陈家祠既是祠堂又是书院，在当时可以为广东境内所有陈姓子孙科考提供落脚之处，以鼓励后世子孙奋进。这些来自家族的传承为子孙的教育打下了扎实的根基，可惜这些好的思想和理念曾经被打上四旧的烙印，失去了传承的土壤和空间。古人言："积善之家，必有余庆，积恶之家，必有余殃。善不积，不足以成名，恶不积，不足以灭身。"

传统的家庭教育，孩子从小学习洒扫、进退、待人接物的礼节，推崇"一屋不扫，何以扫天下"，"不能持家，何以国为"以及"小事做不好，大事就不会做"等理念，因而十分注重从社会需要角度，培养孩子的独立生存能力和动手习惯。现代教育理念认为：孩子是社会的人，让孩子养成动手的习惯，在实践中获得生存技巧，形成独立奋斗的能力，是每个家庭首要的，也是最基本的责任。但在现实的家庭教育实践中，一些家长将孩子视为自己的私有，忽视了孩子的社会属性，已普遍陷入溺爱"饲养"的旋涡。许多孩子，因父母不在而饥饿；因离开父母而失魂；因思念父母而弃学。有缺了父母陪读就不能上学的；有受辱而不能自卫的；有饭菜不合口味而自杀的。父母无条件地满足孩子的过分要求，只会助长其唯我独尊、自私无情的坏习气。不让孩子动手，怕孩子吃苦，只会把孩子变成"四体不勤"无生存竞争能力的懒人。中国传统教育理念认为，连小事都不能做或根本做不好的人，便不会懂得报恩。个人的成长，牵动社会方方面面，只有通过动手，劳其筋骨，苦其心志，才会懂得理解别人、尊重别人的劳动果实，才会时刻对父母、师长、社会、朋友怀有报恩思想，施以报恩行为，人生才会走向崇高。传统教育推崇"成由节俭败由奢"，即使是有钱、有权、有势的家庭，也深信"勤能塑身，俭可养性"的深刻意义。现代社会物质财富的日益丰富，给孩子们的成长提供了前所未有的物质保障。但是，有不少家庭却因此而错误地认为，过去自己没赶上好时代，现在条件好了，说什么都不能亏了孩子。因此，不注意培养孩子勤俭节约的优良品性，却有意无意地助长孩子的奢侈。许多孩子，非名牌不穿，非高档不入，非新潮不用；穷孩子，大把花父母的血汗钱，毫不脸红；富孩子，花起钱来，挥金如土；有的向父母要钱，稍嫌迟缓，便怒目相向；有的为要钱物，竟举刀威逼父母；有的因自己荒唐的欲望未能得到满足，而杀害父母或亲属。这些触目惊心的事实，对现代教育早已敲响了警钟。传统家庭教育特别注重："人之教子，饮食衣服之爱，不可不均；度幼尊卑之分，不可不严；贤否是非之迹，不可不辩；示以均，则长无争财之患；责于严，则长无悖逆之患难；教从分别，则长无匪类之患。"所以，在现代家庭教育中，倡导勤俭，教会孩子知礼守道，明辨善恶，以勤俭立身，淡泊明智，宁静致远，当是要务。"成由节俭败由奢"，应成为现代家庭教育的重要理念。

此外，家长要充分尊重孩子的人格。要懂得事业的成功，首先是人格的成功。孩子的未来，父母是包办不完，也包办不了的。孩子有自己的未来，有自己要走的路，有自己不同的际遇，许多东西，都必须由他们自己去面对。只有完美的人格，才能自立于世，自控于事。凡为家长，"必谨守礼法，以御群子弟及家众"。父慈方能子孝。孩子在成长过程中有时会犯错，有时会跌倒，作为家长应正确理解孩子的好动和错误，应尊重其天性，对其进行正确引导，应以科学发展观，合理塑造其性格，正确培养其行为习惯，使之能正确认识自我、认识世界，在跌倒后爬起，在错误中成长，在反思中明辨是非，最终走向成熟和完善。

古人崇尚"尊师重教"，"修身、齐家、治国、平天下"的理念，因此在传统家庭教育下成长起来的孩子，其社会责任和民族气节都很强烈。但现代家庭教育下成长起来的孩子，却在这方面存在着很大的缺失。综上所述，现代家庭教育缺失的是对优秀传统文化的传承。教育的问题，原本就是文化的问题。现代社会以法律维系人间安定，与法律这种刚性约束不同的是，文化约束是柔性的。法律偏重于犯罪之后的惩罚，而文化对于道德的育化却起着预防犯罪的作用。一个社会的伦理价值观常常是通过文化具体反映出来的。五千年传统文化之精华给中国人建立了一套非常稳定的道德体系，所谓"天不变，道亦不变"。这套道德体系是社会赖以存在、安定与和谐的基础。好的文化和理念是需要继承和发展的，只有这样我们的现代教育才会根基牢固。只有将传统家庭教育理念引入新育的理论建设，我们的现代教育理论才会科学和完善。

参 考 文 献

[1] 杨淑子. 中华民族文化之我见[J]. 中国高等教育，2005(5):5.
[2] 章慧蓉. 唐太宗的诗歌内涵及其诗学的教化观[J]. 高校学术第三辑，2008.
[3] 章慧蓉，黄晓. 都江堰工程的成功启示[J]. 工程经济，2012(4):19~22.

[4] 章慧蓉，李国重，等. 中国传统文化对现代项目管理的启示[J]. 中国管理科学，2006，14.
[5] http：//www. tourbookstore. com.
[6] 王军. 城记[M]. 北京：三联书店，2003.
[7] 梁思成. 梁思成谈建筑[M]. 北京：当代世界出版社，2006.
[8] 自然国学宣言[J]. 汉字文化，2001(4)：3～4.
[9] 江本胜. 水知道答案(1～3)[M]. 海口：南海出版公司.
[10] 徐道一. “和实生物，同则不继”与“优胜劣汰”发展观的比较[M]. 深圳：海天出版社，2012.

3　国外教育理念和方法的启示

3.1　美国教育的启示

3.1.1　美国的品格教育

美国初中开设一门叫“咨询”（Advisory）的必修课，每周 25 分钟，配以一本叫做《每日温习：品格教育》（Daily Warm-ups：Character Education）的练习册，有 10 项练习，分别是合作、尊重、关爱、公正、正义、公民（citizenship）、诚实、坚韧、勇气和友谊。每一项练习都有 15～20 个能联系自己日常行为的问题，让学生简短回答。例如，在“尊重”的练习中，有这样的问题：“在日常和正规场合下，人们都喜欢受到尊重，列举 5 种在日常生活中尊重别人的行为”；“你觉得每个人都必须赢得尊重，还是每个人都应当受到某种程度的尊重？写一段说明”；“1945 年，杜鲁门总统在旧金山召开的联合国开幕大会上说：‘我们必须建立一个新世界，一个更好的世界，一个尊重人类永久尊严的世界。’这段话是在二次大战后说的，你认为是什么意思？为什么要呼吁尊重人类‘永久的尊严’？”《品格教育》中有将近 200 个这样的问题，是一个很丰富的道德伦理教材。

这个初中教材，令人想到亚里士多德在《尼各马科伦理学》中所说的道德习惯和道德教育的关系。亚里士多德认为，动物和儿童的行为都与伦理无关，人要到理智成熟后才能理解和学习伦理，对儿童来说，重要的是培养道德习惯，也就是有样学样地照着做。儿童的道德习惯非常重要，只有具备道德习惯的儿童才能在日后方便地接受道德教育。美国初中生的年龄在 12～14 岁，是最淘气任性的阶段，但这些少年学生，在美国教育制度中，已经被看成是达到了亚里士多德所说的那种“理智成熟”期，可以接受伦理道德的教育了。

3.1.1.1　美国的品格教育从儿童开始习得

美国是一个习俗道德很强的社会，大多数的儿童都有从小养成较好习惯的环境条件。社会学家凯克斯（John Kekes）指出，每个社会的习俗道德都是非常具体的，体现在人们日常生活的普遍行为之中。他列举了一些当代美国社会中的习俗道德：“父母对子女负有责任，答应了的事情做不到，就要道歉；政治家以公共身份说话时不得撒谎，做错了事也要道歉；胜者对负者不要得意洋洋；不要吹嘘自己的才能；游手好闲地生活是不对的；凭良心是对的；不应虐待动物；父亲不应与子女发生性行为；不应以暴力解决分歧；一个人的意见再不受欢迎，也应当让他发表；诬蔑竞争对手是不对的；借东西先得征求别人同意；不应嘲笑有残疾者；善意的谎言是允许的；不应公开对敌人幸灾乐祸；故意残害是错的；对朋友应该忠诚；应保护别人的隐私；勇气、诚实和公平是好的，相反则不好。”

诸如此类的习俗道德对美国儿童的行为习惯都有相当大的影响，有了这个基础，在校学生从少年时代即可开始接受关于伦理道德的理性教育。美国的伦理教育强调的是道德中的理智作用，这是西方人文主义的传统。不仅如此，它还强调道德不只是个人的品格修炼，而且是一种必须在公共生活中显示出来的、与社会和政治环境密切相关的人的“品格”。

理智是人与动物相区别的特性，狗忠诚于主人，儿童有口无心地动不动说“Sorry”（我错了，对不起），都只是一种条件反射，不是美德。人只有在理智作用下的忠诚或道歉才是一种美德。亚里士多德在《尼各马科伦理学》中强调，道德是思考的结果，只有运用理智，人才能达到高境界的美德。但是，人不能单靠理智完成这样的提升，道德思考必须在适宜的社会环境中才有可能，而没有一个好的政府和它订立好的法律，便不可能形成这样的社会环境。因此，亚里士多德的《伦理学》是和《政治学》衔接的。在人文主义的道德观中，政治的目的是最高的善，政治有责任培育公民高尚的行为秉性，政府的作用是订立好的法律，因为只有好的法律才会对国民有好的教化作用，而苛刑恶法只会塑造道德低下的国民。但是，只有好的法律还不够，还需要有好的教育，法律告诉人们什么能做，什么不能做，教育告诉他们为什么。

习俗道德包含着公共生活行为的价值判断，大多数的习俗道德并非由明文规定，做的时候也是习以成俗。正是因为如此，习俗道德才成为公共生活中与人们日常行为最为相关的是非规范。习俗道德的作用在于为社会提供必不可少的价值共识和群体道德凝聚力。

重视习俗道德，主要是从维护群体的核心价值着眼的，如维护公民的自由、平等、尊严和保护弱者。习俗道德的意义绝不只是局限于人们日常生活的“正确行为”，“如果习俗道德仅限于此，那么一个社会就太谨小慎微，太可怜了”。如果没有维护和发展群体核心价值的内涵，日常生活中的道德习俗难免会沦为因循守旧的陈规陋习，对于不断改善和更新公共生活变得弊多利少。以维护核心价值为合理依据的习俗道德，它为营建好的社会不仅提供当今日常生活的具体规范，还为未来的变化提供发展的基本方向。日常生活中好的人际关系形式都渗透着与一些特定核心价值有关的道德意识。

例如，诚实是美国社会的基本道德观，诚实要求一个人像对待自己一样对待他人，平等、尊重，诚心诚意，不欺骗，也不伤害他人。诚实同样也是民众对公共政治人物的基本政治品德要求。尼克松是个很能干的总统，但他不诚实，这足以使他黯然下台。

3.1.1.2 美国的教育给了孩子一个充分自由的思考和想象空间

有了道德的规范，美国的教育给了孩子一个充分自由的思考和想象空间。一位中国父亲将小孩送到了美国学习，因此“遭遇”了美国式教育。没有统一的教科书，没有统一的考试，没有对学生的三六九等的分类排位，带着疑虑、困惑，到心悦诚服，以下是他眼前的美国教育。

10岁的孩子被送进了美国学校，上英文课，老师布置的作业是写论文，题目居然大得冲天：《我怎么看人类文化》；上历史课，老师让孩子扮演总统顾问，给国家决策当高参；在中学的物理课上，作业竟然是一个市政研究项目——城市照明系统的布局；学习二战史时，美国老师竟然让10岁的孩子回答这样的问题：“如果你是杜鲁门总统的高级顾问，你将对美国投放原子弹持什么意见?”而道德教育，居然是从让孩子们爱护小动物开始。

当他牵着10岁的儿子登上中国东方航空公司飞往美国洛杉矶的班机时，心中就充满了疑惑，他不知道在孩子这么小的年龄就把他带到美国去，是不是一个失策？一位朋友的劝告还响在耳边：最少应该让孩子在中国接受完基础教育再到美国，因为中国的基础教育是最完整、最系统的。多少专家也认为，美国的高等教育很出色，而基础教育绝对不如中国扎实。

直到他把儿子送进了那所离公寓不远的美国小学的时候，内心的忧虑终于得到证实：这是一种什么样的学校啊！学生可以在课堂上放声大笑，每天在学校最少让学生玩两个小时，下午不到3点就放学回家，最开眼的是儿子根本没有教科书！那个金发碧眼的女教师弗丝女士看了儿子带去的中国小学四年级的数学课本后，温文尔雅地说：“我可以告诉你，6年级以前，他的数学是不用再学了!”面对她那双充满笑意的蓝眼睛，作者就像挨了一闷棍。一时间，真是怀疑把儿子带到美国来是不是干了一生中最糟糕的一件事。

日子一天天过去，看着儿子每天背着空空的书包兴高采烈地去上学，他的心就觉得沉甸甸的。在中国，儿子从一年级开始，书包就满满的、沉沉的，从一年级到四年级，儿子换了三个书包，一个比一个大，让人感到“知识”的重量在增加。而在美国，书包里没了负担，孩子精神上就更松快了，这能叫上学吗？一个学期过去了，有一天作者把儿子叫到面前，问他美国学校给他最深的印象是什么，儿子笑着送给了他一个字正腔圆的答案：“自由!”这两个字像砖头一样拍在他的脑门上。

此时，真是一片深情怀念中国的教育，似乎更加深刻地理解了为什么中国孩子老是能在国际上拿奥林匹克学习竞赛的金牌。不过，事已至此，总不能再把儿子送回国去呀？也只有听天由命了。

不知不觉一年过去了，儿子的英语长进不少，放学之后也不直接回家了，而是常去图书馆，不时就背回一大书包的书来。问儿子一次借这么多书干什么，儿子一边看着那些借来的书一边打着计算机，头也不抬地说："作业。"

"作业？"父亲忍不住凑过去看，儿子打在计算机屏幕上的标题是：《中国的昨天和今天》。这是一个小学生的作业？这样天大的题目，即便是博士，敢去做吗？于是严声厉色地问儿子这是谁的主意，儿子坦然相告：老师说美国是移民国家，让每个同学写一篇介绍自己祖先生活的国度的文章。要求概括这个国家的历史、地理、文化，分析它与美国的不同，说明自己的看法。

父亲一时语噎：真不知道让一个10岁的孩子去运作这样一个连成年人也未必能干的工程，会是一种什么结果？偌大一个中国，它的地理和文化，它的历史和现状，一个10岁的孩子能说得清么？他只觉得一个10岁的孩子如果被教育得不知天高地厚，弄这些大而无当的东西，以后恐怕是连吃饭的本事也没有了。

过了几天，儿子完成了这篇作业。没想到，打印出的是一本20多页的小册子。从九曲黄河到象形文字，从丝绸之路到……热热闹闹。记者没赞扬，也没评判，因为有点发懵，一是父亲看到儿子把这篇文章分出了章与节，二是在文章最后列出了参考书目。而这是父亲读研究生之后才使用的写作论文的方式，那时他已经30岁。

在美国的课堂上，老师往往是通过启发的方法培养学生的独立思考能力的，以下通过一个案例来看看美国的教学过程。

案例：美国老师给学生讲灰姑娘的故事

上课铃响了，孩子们跑进教室，这节课老师要讲的是《灰姑娘》的故事。

老师先请一个孩子上台给同学讲一讲这个故事。

孩子很快讲完了，老师对他表示了感谢，然后开始向全班提问。

老师：你们喜欢故事里面的哪一个？不喜欢哪一个？为什么？

学生：喜欢辛黛瑞拉（灰姑娘），还有王子，不喜欢她的后妈和后妈带来的姐姐。辛黛瑞拉善良、可爱、漂亮。后妈和姐姐对辛黛瑞拉不好。

老师：如果在午夜12点的时候，辛黛瑞拉没有来得及跳上她的南瓜马车，你们想一想，可能会出现什么情况？

学生：辛黛瑞拉会变成原来脏脏的样子，穿着破旧的衣服。哎呀，那就惨啦。

老师：所以，你们一定要做一个守时的人，不然就可能给自己带来麻烦。另外，你们看，你们每个人平时都打扮得漂漂亮亮的，千万不要突然邋里邋遢地出现在别人面前，不然你们的朋友要吓着了。女孩子们，你们更要注意，将来你们长大和男孩子约会，要是你不注意，被你的男朋友看到你很难看的样子，他们可能就吓昏了（老师做昏倒状，全班大笑）。

好，下一个问题：如果你是辛黛瑞拉的后妈，你会不会阻止辛黛瑞拉去参加王子的舞会？你们一定要诚实哟！

学生：（过了一会儿，有孩子举手回答）是的，如果我是辛黛瑞拉的后妈，我也会阻止她去参加王子的舞会。

老师：为什么？

学生：因为，因为我爱自己的女儿，我希望自己的女儿当上王后。

老师：是的，所以，我们看到的后妈好像都是不好的人，她们只是对别人不够好，可是她们对自己的孩子却很好，你们明白了吗？她们不是坏人，只是她们还不能够像爱自己的孩子一样去爱其他的孩子。

孩子们，下一个问题：辛黛瑞拉的后妈不让她去参加王子的舞会，甚至把门锁起来，她为什么能够去，而且成为舞会上最美丽的姑娘呢？

学生：因为有仙女帮助她，给她漂亮的衣服，还把南瓜变成马车，把狗和老鼠变成仆人。

老师：对，你们说得很好！想一想，如果辛黛瑞拉没有得到仙女的帮助，她是不可能去参加舞会的，是不是？

学生：是的！

老师：如果狗、老鼠都不愿意帮助她，她可能在最后的时刻成功地跑回家吗？

学生：不会，那样她就可以成功地吓到王子了。（全班再次大笑）

老师：虽然辛黛瑞拉有仙女帮助她，但是，光有仙女的帮助还不够。所以，孩子们，无论走到哪里，我们都是需要朋友的。我们的朋友不一定是仙女，但是，我们需要他们，我也希望你们有很多很多的朋友。

下面，请你们想一想，如果辛黛瑞拉因为后妈不愿意她参加舞会就放弃了机会，她可能成为王子的新娘吗？

学生：不会！那样的话，她就不会到舞会上，不会被王子遇到、认识和爱上她了。

老师：对极了！如果辛黛瑞拉不想参加舞会，就是她的后妈没有阻止，甚至支持她去，也是没有用的，是谁决定她要去参加王子的舞会？

学生：她自己。

老师：所以，孩子们，就是辛黛瑞拉没有妈妈爱她，她的后妈不爱她，这也不能够让她不爱自己。就是因为她爱自己，她才可能去寻找自己希望得到的东西。如果你们当中有人觉得没有人爱你，或者像辛黛瑞拉一样有一个不爱她的后妈，你们要怎么样？

学生：要爱自己！

老师：对，没有一个人可以阻止你爱自己，如果你觉得别人不够爱你，你要加倍地爱自己；如果别人没有给你机会，你应该加倍地给自己机会；如果你们真的爱自己，就会为自己找到自己需要的东西。没有人可以阻止辛黛瑞拉参加王子的舞会，没有人可以阻止辛黛瑞拉当上王后，除了她自己。对不对？

学生：是的!!!

老师：最后一个问题，这个故事有什么不合理的地方？

学生：（过了好一会）午夜12点以后所有的东西都要变回原样，可是，辛黛瑞拉的水晶鞋没有变回去。

老师：天哪，你们太棒了！你们看，就是伟大的作家也有出错的时候，所以，出错不是什么可怕的事情。我担保，如果你们当中谁将来要当作家，一定比这个作家更棒！你们相信吗？

孩子们欢呼雀跃。

3.1.2　美国的高考体制

旅美教育家黄全愈先生的大著《“高考”在美国》，对美国的高考制度作了深度剖析，并与中国的高考制度逐一作出对比。以下根据黄先生的论述略作简释。

不像中国一考定终身，甚至是一分定终身，美国高校招生的显著特点是各大学独立招生，考生与高校间实行完全的双向选择。美国的高考居然一年有7次之多。而且一般相当于中国高二起就可以报名参加“高考”，也就是说高中生可以在两年里随时参加高考。

因为美国的高考是一种常年不断的标准化考试，考生可以根据自己的情况参加任何一次甚至每一次考试，即最多两年14次考试。由于美国的高考成绩两年内有效，许多高中生上高二时就开始考试，一直考到自己不愿考为止。一般美国孩子大多考二三次，也有考四五次的。而美国的大学在统计考生的成绩时，不管你参加过几次考试，他们将选取其中最好的数学和英语成绩。因为他们认为，你所考得的那个最高的分数，表明你有这种能力，如果没有这种能力，你就不可能考出这个成绩，而其他那些低的考分，可能是受到了各种因素的影响。这实在是太人性化的理由了。如此一来，考生当然没有太大的心理压力，心态相对正常，各次考试的分数基本上起伏不大。

美国的高考有两种：一种称为SAT，即Scholastic Assessment Test（标准学业考试）的简称，是美国目前最通用、最具权威的一种升学考试，所有美国高校都接受SAT成绩，每年举行7次，考试不限考生年龄和考试次数。SAT考试分为两部分：SAT1是理解部分，试题内容包括英语和数学，侧重学生的阅读量与分析和解决问题的能力；SAT2是专科部分，分为英文、数学、历史、科学和第二外语等科目，具体考试科目由考生自己报名时选定。另一种称为ACT，即American

College Testing Assessment（大学入学考试）的简称。它在美国中西部和南部比较流行，现在每年大约有 130 万人参加该项考试。考试时间和作用与 SAT 考试相近。考试内容分为英文、数学、阅读和科学原理 4 个部分。

至于考生是选择 SAT 还是 ACT 考试，要看考生准备报考的大学要求提供哪一种考试成绩，如果没有特别的规定，考生一般都会根据自己的能力选报能得到最佳成绩的考试种类。然而，在美国并不是 SAT 与 ACT 考试的状元都会得到名牌大学的青睐，他们不仅仅衡量申请者的 SAT、托福等基本的考试成绩，更多关注的是对申请者综合素质的全面考查，主要考查学生逻辑、分析、推理等方面的能力，较少考查学科知识，而是更注重能力或智力方面的测试，分数永远是第二位。

那么什么是综合素质呢？一般来说，美国高中生参与的活动主要有体育活动、文娱活动、科技活动、校内组织、校外组织、个人兴趣特长相关的其他活动。美国大学对于学生在这些活动中获得的荣誉或参加过社会活动的能量非常重视。美国的篮球运动就很普及，只要篮球打得好，就可以得到好大学的青睐，这也是一个注脚。

而且在美国越是顶尖的大学，越会关注特殊的人才。道理也很简单，成绩好的人多的是，“高考”满分者上千人，但特殊人才却是凤毛麟角。像普林斯顿大学曾经录取一个黑人女孩，只因为她破纪录地推销童子军饼干，被有的公司邀请去介绍推销经验，还把这些经验写成书。

因为美国大学不是唯分数录取，所以学生对高考就像平时练习一样，在放松的状态下完成，而且可以多次考试，反正以最佳成绩计算。在美国的“学习”是一个开放式创造性的活动，没有标准答案。拿他们一堂“水的蒸发”科学课为例，孩子们一个个犹如小科学家，围绕杯子里的水位为什么下降了这一问题，展开想象和讨论，记录实验数据，教师只是加以引导而已，而不是告诉他们一个确切的答案。考试内容不是要他们背诵现成的答案，而是实验的过程和结果。

3.1.3 美国的工程伦理学教育

自 20 世纪 70 年代起，工程伦理学在美国等一些发达国家开始兴起。在 2005 年《工程伦理》(第四版)一书中，马丁（M. W. Martin）和欣津格（R. Schinzinger）区分了工程伦理的两种用法：规范的用法与描述的用法。在规范用法之下，伦理指获得辩护的价值和选择。相应地，工程伦理由责任和权力所构成，这些责任和权力被那些从事工程的人所认可，同时工程伦理也由在工程中人们所期待的理想和个体承诺所构成。

经历了 20 世纪的最后的 20 年，工程伦理学的教学和研究逐渐走入建制化阶段。

与其他职业相比，工程师对环境有着更大的影响。在 20 世纪 90 年代之后，与环境责任相关的条款出现在三家美国工程社团（IEEE、ASCE 和 ASME）的章程中。工程活动对环境的影响已得到了普遍的公认，但对于工程师对环境是否应承担责任，以及这种责任的基础和范围是什么，仍然是存在争议的。其中一个核心的问题是，是否只有当人类的健康和福祉受到明显威胁的时候接受对环境的责任才是充分的，或者说，是否应该出自于环境自身的原因而关注环境。

越来越多的工程师去其他国家工作，而东道国又有着与本土国不同的实践、传统和价值观，由此便引发了工程与文化之间关系的问题。在不同的文化背景之下，工程是否有相同的伦理规范？或者说，是否应当制定超越不同文化的国际工程伦理规范？例如，在决定工程师何时应该采用东道国的价值观和实践，何时不应该的时候，依据什么样标准才是合适的？这些都是面临讨论的问题。可以用一个英文单词来概括工程伦理学未来的努力方向，这就是 Professionalism。这个词的中文含义是职业水准、职业标准、专业主义或职业地位，其实译成“职业化”是最恰当不过的。职业化包括两个方面：专业上的卓越和伦理上的完整，也就是过硬的职业技术与完善的人格。伦理上的完整不仅在于遵守法律与职业规范，而且也在于承担起更大的社会责任。

工程活动是一种职业行为，什么样的职业行为是社会所期待的？我们为什么会向医生毫无隐埋地坦陈病情？因为我们对医生持有一种职业信任。同样地，我们为什么会心安理得地住在高楼大厦中？因为我们对建造工程师持有一种职业信任。那么，怎样的职业行为才能满足（或符合）这种社会所给予的信任呢？对社会而言的职业信任，对工程职业者而言的职业诚信，这些对于建设和谐社会是必不可少的。

技术已经对我们这个世界产生了深远而广泛的影响，而工程师在技术各个方面的发展中扮演了一个核心角色。工程师在创造产品与程序来节约能源消耗、提速通信交通、促进身体健康以及消除自然灾害等方面，也给人类生活带来更多的便捷并增进美好。然而技术在带来益处的同时，也产生了环境破坏、生态失衡等负面影响，严重破坏了社会和自然环境，甚至危及人类自身的生存。现在工程师协会章程中增加了一些伦理方面的要求，最明显的是几乎各大工程师协会的章程都把“工程师的首要义务是把人类的安全、健康、福祉放在至高无上的地位”作为章程的根本原则。同时全国工程师职业协会（The National Society of Professional Engineers，NSPE）设立了伦理审查委员会，积极鼓励工程师利用伦理理论来评估工程的各种活动。

工程伦理学的产生，促进安全和有用的技术产品并给工程师的努力赋予意义，也直接增强了工程师在工程中有效处理道德问题复杂性的能力，增进工程师的道德自治，即理性地思考以道德关注为基础的伦理问题的习俗与技能。总之，工程伦理学以增进人类福祉为目的，加强工程师职业责任为手段，来规范与约束工程师的行为，提高其道德敏感性，从而更清晰并更仔细地审视工程中的伦理问题，消除道德困境。在美国国家工程院（National Academy of Engineering，NAE）有关2020年工程的报告中，指出伦理标准是未来工程师具备的品质之一，也为工程师道德水平的提高与工程伦理学的发展指明了方向。

近来，随着技术发展和工程应用的国际化，工程伦理学研究出现了新的课题和趋势，全球化经济时代围绕技术发展关注了三个方面的问题：第一，关于计算机伦理问题的探讨。计算机与隐私是否造成价值冲突？软件所有权是否应该得到保护？计算机发展所产生的道德责任，是个体责任还是共同责任？这些都应该在信息化社会中对“责任”进行探讨。因特网与自由言论问题以及产生的权力关系，涉及的知识产权问题，计算机导致的失败以及所造成的健康等问题，这些都需要关注和研究。第二，环境伦理问题的备受关注，工程伦理学把环境伦理作为研究重要内容之一。马丁通过对于工程、生态与经济关系的考察，分析了人类中心主义伦理、非人类中心主义伦理、生态中心主义伦理、经济中心主义伦理的伦理框架，指出环境伦理必须与个体的反思联系起来，并制定负有责任的社会政策与计划。威斯林德（P. Aarne Vesilind）则提出工程师应当在增加人类财富与破坏环境之间求得某种平衡。美国土木工程师协会的伦理规范，要求提高人类的福利，还要求保护环境。第三，工程应用的国际问题关注。主要是跨国公司对于技术转移所产生的国际权利问题，国际工程职业标准涉及超文化规范，跨文化规范在工程活动应用中也产生了伦理问题，如贿赂和索贿等现象的解决等。

美国工程伦理学自20世纪70年代产生以来，经过几十年的发展，已经比较成熟和规范，形成了相对完善的伦理章程与稳定的学术建制，促进了美国工程的良性发展。而深入地探讨与分析其历史背景与目的，发展过程与态势，不仅有利于我国工程伦理学的产生与起飞，更有利于促进我国未来工程技术人才素质的培养的健康发展。

3.2 芬兰教育的启示

芬兰中学生被“国际经济合作发展组织”评价为整体表现全球第一。芬兰教育是全球最均衡、学生成绩落差最小的教育体制；芬兰高等教育，几乎被每一届世界经济论坛评为最佳，使得很多国家都组团到芬兰来学习他们的教育经验。教育已经成为芬兰最炙手可热的品牌，这主要得益于教育理念的科学正确、评估与评价体系的科学系统以及教育资源倾注的合理与均衡等。

在芬兰，“教育第一”，国家一直重视对于教育的投资（占国民收入6%），而老师是最受欢迎的职业。芬兰教师选自最优秀学生，并最低都拥有硕士学位。

教师被给予充分的教学自由，可以根据不同学生情况自由选择教材和制定教学计划，教师们对工作投入极大的热忱和创造力，没有功利心，为每一个学生真心付出。约瓦斯曲莱大学教育学院主管与院长说，当他们听说芬兰教育在国际评比的成绩时大吃一惊，因为他们从来没有想过要“争第一”。他们说：“我们所做的一切，不过是尽己所能地去教导学生；一切都是为了学生，如此而已。”

让兴趣成为永久的学习动力，让学生获得独立自主的学习方式是芬兰教育的理念。比如在芬兰的基础游泳班上，孩子们不是上来就一个一个地学习基本动作，而是在轻松的环境下先“玩水”，让孩子们自然而然地克服对水的恐惧，真正喜欢上游泳。在没有“正规”的反复操练下，孩子们却能在老师的引导下不但学会游泳而且爱上游泳。在各种学科中，芬兰都采取了这样的自然学习法，真正让兴趣成为孩子最好的老师。

芬兰老师几乎不批改作业，学生们会自己对照答案本；老师也不会要求家长对考试试卷签字，而是要求学生自己找出学习中的问题和差距；老师会鼓励学生和自己赛跑，当你在某一科目中进步显著时就会得到奖励。这些使得芬兰学生从小就养成了自主独立的学习习惯，提高学习效率。

给予弱势学生更多的关怀，“不让一个人落后”，这体现着芬兰教育的人文关怀。一位学者到芬兰东部一所中学访问，发现一个班级的教室里面没有学生，就询问是怎么回事。这个中学的校长说他们去花店、餐厅等不同商家实习了。他解释说：这群孩子不太一样，他们比较坐不住，学习进度和别的学生不同，他们的学习方式要从务实方面去鼓励。所以特别设计了一套可以从实践中学习的模式，从他们的兴趣着手，制造出更多让他们喜欢上学的原因，让他们更愿意来学校学习。

校长所说的“不太一样”的学生就是我们所说的“差生”，但在芬兰人观念中没有“差生”观念。这些学生只是需要更多的启发，更大的成长空间而已。芬兰教育和社会都不会放弃这些孩子，而是给予更多的爱心和耐心。老师会根据学生个体差异量身制订教学计划，包括选择书籍、定制课程等等，以期使每个学生都能达到国家的教育标准。老师会主动给学生进行额外的免费补习。芬兰教育部统计，去年该国有27%的学生在一般课程学习外得到过这样的补习。

芬兰人认为，如果不这样做，而是放弃这些学生，那么失去了尊严的孩子很可能自暴自弃，甚至走向犯罪。那时社会会付出更大的代价。

3.2.1 芬兰的教育特色

在芬兰学习是快乐、轻松的。学生会拥有精心编写的有趣而实用的课本、课堂上轻松的师生互动、小组合作，创新思维得到充分启发。学生每天都有充足的睡眠，还有大量时间发展自己的兴趣爱好，因为这里每天的上课时间很短，假期超长。在这里你不会成为分数和名次的奴隶，因为这里根本没有排名，成绩被看作是学生的隐私而受到保密，老师只鼓励学生去超越自己；成绩差也不用担心会受到批评和歧视，等待学生的是更多的帮助和关心。

在这里学生不会为考不上好大学而烦恼。所有的大学在国人眼中都是最好的大学，得到的教育投入也相同。而且无论学生选择任何职业学校都会同样得到社会的尊重和认可。

在这里学生不是答题机器，而是真正学习如何成长，如何做人，在宗教与伦理课中，老师会和学生讨论各种人生的终极价值问题，一起来思索什么是善与恶、人为什么活着、公民的社会责任等等。

当然，还有从小学到大学的一切免费，包括午餐和交通费（芬兰大学生许多都是半工半读）。无论学生身在城市还是乡村，都会得到一样好的教室、教学设施，一样好的老师。

以上是芬兰教育之特色的一部分。在芬兰每一个孩子都能得到真正的尊重和关怀，从这个角度看，芬兰的学生真可谓是世界上最幸福的学生。

3.2.2 “无竞争”教育却成为“最有竞争力”的教育

芬兰教育的核心价值是“平等”，强调的是一种“无竞争”教育。在芬兰人看来，每个孩子的起点不同，各方面的学习能力不同，在这样基础上的排名、竞争是“不公平的”，也没有意义。对心理上还不成熟的孩子来说，排名、强调分数还会打击成绩不好的孩子们的自信心；而成绩优秀的孩子可能会恃宠而骄、失去对弱者的同情。

而且分数也不能代表一个学生的全部。芬兰教育的目标是要“给孩子一个美好的人生”，希望能因材施教，让每一个孩子找到能胜任的职业，找到最好的人生位置。而对于大多数职业来说，并不是只会答题、得高分就能胜任的。他们希望能培养学生与人交往的能力、良好的心理和创新精神等等。

“让学生花较多时间演练解题，可能提高数理成绩，但很难提升阅读写作及创意思考能力，而且还可能会抑制学生创新思维的发展。”赫尔辛基 Metropolia 应用科学大学、Haaga-Hella 大学、汉肯经济学院的教授们都表达了同样的观点。他们介绍，芬兰学时短而假期长，一年上课 190 天，小学生每天最多上课 5 小时，中学生最多 7 小时。学生没有作业，芬兰的父母从不送孩子去参加补习班，他们愿意花时间与子女一起进行大量的阅读，教育孩子自己去发问，自己去找答案。

不少芬兰人提到让他们引以为豪的一个事例：现在被广泛使用的 Linux 操作系统，不过是芬兰人托维兹 1991 年在赫尔辛基大学读书时交的一份课堂作业。赫尔辛基瑞苏中小学的校长说：“我们从来不会因为孩子的成绩是最顶尖的，而发给他奖学金，而是从不同的角度来选取。”“如果一个孩子的分数比别人低了一些，却拥有其他人所没有的人格特质，或更好的合作能力，或更佳的人缘等，老师就会很希望这位学生能得到实质的奖励。”

在这样的教育理念下，芬兰人不会给学生、老师、学校评比排名，学校不追求升学率，不给老师施压，学生也没有升学压力。正是这样“无竞争”的教育却在国际教育评比中获得惊人的成绩。

3.2.3 中国传统文化思想理念在芬兰得以实践

“有教无类”、“因材施教”、“做而不求”、“无为而治”，这些中国传统文化中的儒家的教育理念甚至是道家思想，如今却在芬兰得以发扬光大。自然资源匮乏的芬兰，靠着这样的教育成为了经济最有竞争力的国家之一。

没有功利思想，设身处地地为学生考虑，尊重学生，讲究公平，关心弱者，这些都是芬兰教育成功的关键。而“公平与正义”其实是整个芬兰社会的基本价值观。芬兰人认为国家的发展也不能只看精英，人不应该因为职业、地位、金钱、外貌等等而有贵贱之分。

在芬兰，孩子的睡眠、游戏运动被当作一种人权来得到保障，孩子的成绩也被视为隐私权。

在芬兰，把教导孩子如何做人看得与科学知识的掌握一样重要。所以老师会注重教导孩子如何建立良好的人格和品行，在宗教与伦理课中，老师会和同学一起讨论作为一个人、一个公民在具体对待问题的时候如何选择良知和正义。所以芬兰的学生大多富有同情心，热心于公益事业。

其实教育的最根本目的就是“树人”，人最本质的东西就是道德。以人为本的教育才是真正的教育，“有教无类”、“因材施教”是理想的教育模式。中华民族想要真正的崛起，离不开成功的教育基础。我们中国的每个孩子也有权利享受到人性化的教育、快乐的童年。

参考文献

[1] 余谋昌. 关于工程伦理的几个问题[J]. 武汉科技大学学报（社会科学版），2002，4(1).
[2] 刘绍春. 工程伦理教育与理工科大学生道德素质的培养[J]. 北京理工大学学报（社会科学版）2004，6(2).

4 素质教育启蒙

4.1 家庭教育在素质教育中的重要性

儿童和少年时期是一个人最重要的个性品格、心理素质以及思维能力的形成时期。如果说人的创新素质培养是一项智慧工程，那么儿童和少年时期就是这项工程的最关键时期。

在这个阶段，家庭往往是儿童和少年的第一生存空间，家长是他们的第一位心灵工程师和个性塑造者；家长的教育直接影响孩子的志趣、爱好和发展方向。

中国的孩子是世界上最聪明的孩子，早在 1986 年，美国约翰·霍普金斯大学心理学教授朱利安·斯坦利，就曾经千里迢迢来到中国，专门研究和寻找科技人才，他用美国学生能力测验试题在中国测验发现，中国人的得分是很高的。美国加利福尼亚大学的阿瑟·金教授也曾对美国的不同人种进行调查，用他们的智商计算方法发现，华裔得分最高。不少世界著名学者如李约瑟、贝尔纳、陈省身等曾断言，21 世纪华人将会成为世界科技大舞台上无可争议的主角。可是为什么我们培养出来的学生可以在世界数学、物理、化学等奥林匹克竞赛上捧回一块块金牌，却难得培养出一个本土出生的诺贝尔奖金获得者呢?

这种差距和我们的教育模式有关。“文革”之后，我们的文化有断层，很多好的教育理念、传统文化没有继承，改革开放之后，注重结果不注重过程的社会发展导向，使得整个社会对成功的定义单一，加之应试教育的模式化教育方法，对孩子的评价主要是成绩，这种状态造成许多现代家庭对孩子的身心发展和需求缺乏科学认识。在教育方式上，往往流于简单和粗暴，因而有意无意地扼杀了孩子的创造性，混淆了孩子的是非观念，扭曲了孩子的性格和灵魂。不少父母还会对独生子女无原则地“溺爱”，甚或是滋生出来无道理的“专制”，不考虑孩子的感受和人格，把孩子变成自己理想的寄托和满足虚荣心的标示物。孩子的天性是好奇和好动的，这是勇于探索的品质。好动，既是孩子的生理特征，更是孩子的心理需求。孩子在其成长的过程中，对世界充满好奇。在活动的过程中会自觉不自觉地突破常规，这样一来就容易犯错，好动和犯错是孩子成长的重要特点，作为家长要能够宽容。

记得曾和一位朋友谈到小学生的功课压力，当她提到孩子们稚嫩的肩头压着厚重的书包，在课桌前度过自己的童年，而没时间在大自然的怀抱中奔跑、嬉戏、玩耍，和小伙伴们快乐的捉迷藏时，她的眼中渗出了泪水，她说看着那么小的孩子戴着那么厚重的眼镜，她觉得那是一种犯罪。我理解她的心情，那是一种沉甸甸的忧患意识和责任感，不是为自己而是为了我们的下一代。当时我的心情也很沉重，我们的孩子是世界上最聪明的孩子，可是我们该如何对待大自然的恩宠，造物主的厚爱，我们应该帮助孩子们搭接与自然之母的血脉联系，去除孩子纯洁善良的心中各种各样的条条框框，珍视孩子们真诚、善良的本性以及纯洁的童心，鼓励他们去做，去实践，去在克服困难中学习和思考。

4.2　来自生活中的素质培养

大人们常常会被纯真的童心所感动，当孩子们用稚嫩的小手抚摸小动物时，当他们睁着大大的眼睛，真诚地回答每一句问话时，我们从他们的身上看到了爱和信任的力量。事实上，许许多多的科学家和艺术家正是用这种最原始、最诚挚的赤子之心去感动人类，感动上苍的。大自然是公正的，“寻找的必然能找到”。创造性的发现就是给她们最好的奖励。

4.2.1　爱和信任的培养

爱和信任是一切美德的源泉，它能调动人性中最善良、最美好的一面。关于人性善、恶的讨论自古就有。比较可信的是个体的生命中既存在善的本性，也存在恶的萌芽，即自私自利。人有自然性、官能性的一面，这种官能性使他服从感官的要求和物质世界。但是人的内心深处又存在着一种神圣的、高尚的本质，这种本质引导人们去爱、去关心他人，去追寻真理、维护正义，去本着良知做事。人在社会化的过程中，自始至终要平衡自己与外界的矛盾。作为自然的生物，人要去满足基本需求，包括生理和安全的需求，人在这个层次上的所作所为，是一种自然的、关乎自己的行为，当人的基本需求无法得到满足时，个体生命就会因感到受制于一种外来力量而愤慨，这种被迫屈服的感觉会使生命萌生动物性的粗野，破坏他身心的安宁与和谐。而作为社会的生物，人要参与维护集体利益的活动，这种维护最终体现为或大或小集团利益要求的调节。内在的高尚的本质可以赋予人超越自然状态和社会状态制约的道德力量，使人能够看穿生死、看破红尘，能够对物质诱惑、权利压迫无畏而从容、克已而尊严。幼小的孩子对人和社会一无所知，与自然的矛盾是来自外界的最主要感受。

呱呱落地的婴儿需要幸福地依偎在母亲的怀抱中，吮吸甜美的乳汁，成长中的孩子需要母亲温暖的微笑、轻柔的抚摸。当他最低的生理要求得到了满足时，心中就会升起信任的情感和对“母亲”（给予爱和需要的源泉）的感性萌芽。这种被关怀、被爱的幸福感焕发了孩子道德和虔诚的情感。虽然孩子还不懂得什么叫回报和感恩，但是以同样的方式对待他人的种子已在他心中扎根。这种爱和信任的感觉以同样方式扩大到家庭生活的全部领域，并通过家庭的教育升华为对人类的爱和信任。这一切是那样的自然而然，朴实而平凡，但是正是在这种平凡的氛围中，一个健康而富于爱心的小生命开始慢慢成长。

在这个阶段，各种不安宁的因素都会干扰孩子的正常发展，因为不安宁的因素会打破和谐、平衡的氛围，会刺激和强化孩子的各种官能性的感受，会分散孩子的注意力，削弱构成人性自然发展的基础的天赋和力量。

第一种不安宁的刺激就是不去满足孩子的最基本需求。如果母亲没有伸出柔软的手去抚摸孩子，没有向他投以微笑，那么孩子的小眼和小嘴也不会绽放笑容。由此我想到了一则犹太父亲教育儿子的故事。在孩子 3 岁的时候，爸爸让孩子从高处往下跳，并许诺一定会接住他，当孩子怀着对父母的信任真的从凳子上跳下来时，爸爸并不接住他，反复几次，孩子终于从受骗和疼痛中学会不再信任他人甚至包括至亲的亲人。心理的平衡感和纯洁的真实感丧失了，取而代之的是受愚弄和怀疑的情绪。孩子在社会化过程中这种受骗的经历给他留下深刻的印象，自我保护意识会冲淡他的亲情，冷酷和仇恨在他的心中开始萌芽，他会学着大人的样子唱起古老的歌谣“世界想受骗，那我们就欺骗他”。

另一种不安宁的刺激是由于过度地满足孩子不必要的感官享受引起的。这要么来自于不理智的父母对孩子的溺爱，要么来自于孩子拼命的乞求。这种刺激会助长孩子对物质的贪婪需求和占有的欲望，而对物质依赖会使孩子产生与日俱增的不安宁和忧虑。作为父母一定要克制孩子的这种过分要求，聪明的父母不会只顾孩子眼前的舒适而忽视孩子长远的内心幸福。

总之，最初的爱和信任就像一种直觉，存在于父母亲情、兄妹亲情之中，也只有在安宁、和谐的氛围中得到发展，聪明、审慎的父母既不要去助长孩子的脾气，也不要助长他在外来刺激下产生的自私自利，而应当在顺乎自然的氛围中培养孩子的道德力量，这是萌生智慧的最基本源泉。

4.2.2 在直观、自然的生活实践中培养孩子的初期思维能力和基本素质

婴儿一降生就会聚精会神地聆听萦绕在耳畔的声响，也会注意通过眼睛和其他感官发现事物。孩子们自己努力发出的第一个声音表达了他对生活的要求，它给孩子带来了无限的喜悦，也给关爱这个小小生命的父母和亲人带来了无限的喜悦。家长天生就会用最美好的心愿呵护和教育子女，但是方法不同，效果也不同，父母应当意识到，初期的教育不是一种灌输，而应当是调动孩子的观察力、注意力和模仿力，引导他独立地思考。

举一个例子吧！让我们来看看孩子是怎样学习香脂这个概念的。母亲会对孩子说：“过来，宝宝，让妈妈给你抹点儿香脂。”当孩子快乐地跑到母亲身边时，

母亲一边给孩子抹香脂，一边让孩子用眼睛观察香脂的颜色，用小手和鼻子来感受香脂的状态和香味。这种刺激会使孩子产生对香脂的感性认识，并且自然而然地把自己的生活和香脂联系在一起，对香脂的需要会使他萌生一种愿望，希望自己能像妈妈一样的抹香脂。于是，孩了的观察能力被明显地激发起来了，孩子开始注意观察母亲是怎样打开香脂盒，又是怎样均匀地把香脂抹在脸上的，孩子的模仿能力也被调动起来了，这种方式要比直接告诉孩子："这是香脂，香脂是白白的、黏黏的、香香的"更活泼、更自然。亲切、平和的方式不会使孩子觉得香脂是和自己的生活割裂的不得不认识的事物，而是在不知不觉中把香脂的概念和抹香脂的行动作为自己获得的知识来认识，作为依靠自身能力接受的东西来接受。平等、自然的学习氛围就这样像空气一样融入在孩子的生活中。这种认识事物的方式可以贯穿在孩子生活的方方面面，小到抹香脂，大到学习基本的语言和算术。

但是在生活中受教育，并不是说将孩子的视野局限在家庭生活的小圈圈里，恰恰相反，聪明的父母不会割断子女与自然之母的血脉联系。他们会常常带着孩子去亲近自然，大自然中的日月星辰、风雨雷电、春华秋实和草长莺飞给孩子了解自然、生命和宇宙提供了最广泛的素材。在大自然的怀抱中，孩子可以聚精会神地观察水是怎样变成冰、雪、雨和雹冰的，又是怎样溶化盐、熄灭火的，木材是怎样燃烧变成烟和灰的，花朵是怎样打苞、开放和凋谢的……这些使孩子获得了更多的对事物及其变化过程的印象。

随着孩子年龄的增长、生活层面的扩展和接触范围的增多，父母还应当注意培养他把生活的存在、责任、乐趣和需要同关心周围环境种种自然现象相结合。父母们可以鼓励孩子从事一些力所能及的家庭劳动，例如，让孩子从桌上捡起带孔的玻璃珠，把它们串在线绳上；让孩子从豆子里捡出沙粒，再送到妈妈的手里，对于孩子的每一点进步都给以鼓励的微笑和赞许的眼神，直接告诉他，他微不足道的行为已经帮助妈妈减轻了负担，带给了她快乐，当孩子跌倒时，鼓励孩子自己爬起来或者用幽默的方式来化解，对于孩子能力范围的事不去剥夺式的呵护、替代甚至包办，鼓励孩子们去做力所能及的事儿，鼓励他们去实践、去探索，在克服困难中学习和思考。父母生气了要对孩子说明原因，不要让孩子感到做错了事，可又不知道哪儿错了，为什么错。不要让孩子从小就接受暗示的习惯，看大人的脸色做事。如果父母做错了什么，伤害了孩子，一定要坦率地承认，要让孩子明白承认错误并不丢人。要擅长引导孩子把逐个事情连起来，把事物的起因和结果联系起来，引导孩子寻找潜藏在事物背后并在各种不同环境中引起喜怒哀乐的原因。

在这样的氛围中成长起来的孩子是真实的，对于没有通过自己内心感受和感官获得的不熟悉事物，他不会妄自评论、信口开河，他敢于面对生活，自信于未来、实事求是的生活态度就这样潜移默化的在孩子的心中萌芽。

相反，如果在初期教育阶段，父母人为地把孩子的注意力从直观事物（例如图例、实物、模型等）和日常生活分开，强迫他记住空洞的字眼和概念、抽象的政治术语，而孩子没有办法通过内心感受和感官获得相应的印象，就会阻碍孩子的注意力和观察力的正常发展，这是一种脱离生活的虚假的教育手段，当孩子没有办法通过自己的能力获得对事物的感知就不得不去接受某件事物时，虚伪、矫揉造作和言之无物就会在孩子幼小的心灵中萌芽。

4.2.3 强化孩子的独立思考能力并培养他们良好的生活习惯

聪明的孩子在一周半左右就能成段的说话，到2周岁左右就基本能数数了，他们已经不仅仅满足于简单的反映感性直观认识的印象，他们的求知欲、好奇心和创造力越来越强烈。

明智的父母在这个阶段可以采用各种方法强化孩子的思维能力，锻炼他的动手能力，全面地培养孩子各方面素质。例如：创造氛围，用音乐、儿歌等方式让孩子感受多种文化气息的熏陶，鼓励孩子多学语言，语言是一个民族智慧的精华和文化的高度概括，人们说一方水土养一方人，不同的自然风土、历史人文使得每个民族会用不同的思维方式处理问题、表达情感、传授经验，或幽默、或直率、或委婉、或理性，学习语言可以调动孩子的理解力和感悟性。

我们知道任何思维模式都有一定的规律性和模式性，都有一定的格式、量和语法等要素。父母们可以将数量、格式和语法等教育融于孩子的日常生活中，这种教育也应当建立在直观、自然的基础上，当要教给孩子一个抽象的又无法用感性方式领会的概念时，可以用直观的例子，例如：孩子可以直观地理解两个球、两本书，但却不容易理解抽象的数量概念“2”，用实物告诉孩子“$2+2=4$”，用最简单易懂的语言来表达。

日常生活的一切都可以成为孩子学习的素材，如游戏、自然现象、劳动、玩具等。爸爸、妈妈可以一边陪孩子游戏，一边向孩子介绍玩具的色彩、形状、用途、来历、组成部分、各部分与整体的关系，一边教给孩子拆装、组合玩具。游戏结束后，鼓励孩子自己观察、思考，用色彩、形状用途等给玩具分类，并把分类后的玩具摆在合适的位置，这种训练把培养孩子良好的生活习惯同锻炼他们分类、综合能力结合在一起，是一种很好的在生活中受教育的方式。

良好生活习惯的养成在很大程度上也要靠父母的言传身教、身体力行。小孩生下来不久，在几个月内就可以模仿一些动作，一般周岁的小孩便开始模仿成人的语言。儿童在1岁至3岁之间模仿力发展很快，在6岁模仿力发展水平很高。父母待人接物的习惯、谈吐、健康的生活方式等都可以潜移默化地影响孩子的成长，父母道德品格上的特点，如节制、宽容、平和、勤劳等也会点点滴滴地影响孩子个性品格的塑造。父母们要是在生活中拉里邋遢，孩子也会不知不觉中养成拉里邋遢的习惯，父母们要是做事儿井井有条，孩子也往往会养成利落的习惯。

鼓励孩子从事一些力所能及的家务劳动，让他们的小手在劳动中变得灵活，鼓励他们自己动手制作各种各样的模型和折纸，再迟钝的孩子也会为自己制作出的“作品”而高兴，这种高兴燃起了孩子兴趣的火花，也活跃了孩子的思维。

4.2.4 唤醒孩子的想象力和潜质

曾经看过一篇文章《苹果里的星星》，说的是一个孩子一反大人们习惯的思维方式，横着拦腰切开了苹果，向爸爸证实了苹果的中心藏着一颗美丽的小星星。故事虽然简单，但却道出了一个道理：任何事情如果总按着别人教的方法去做，就不会有什么惊喜和收获，因为答案也是别人发现的事物。在想象上，孩子似乎永远是我们大人的老师，他的小脑袋里没有什么条条框框、“祖传”的规矩和经验，那里面装满了千奇百怪的想法、各式各样的问题。所以孩子的创造性思维和艺术鉴赏力与其说是教，不如说是激发和唤醒。

孩子在很小的时候就会表现出对一些事情很感兴趣，例如：模仿大人们的样子去发音，哼哼唧唧地唱歌，学着电视里的镜头扭动身体，使用简单的工具在墙上、地板上、沙地上划道道……在这个时候，父母千万不要人为地制止、干涉和纠正，而应当给他提供一切便利的条件，让他有充分的自由去做心爱的事儿。只有当孩子觉悟到要准确地模仿各种词音和乐音时，才教他发音；只有当他想去做一些更标准、更优美的动作时，才去帮助他；只有当他画出更多、更均匀的直线和曲线能使他高兴时，才去纠正。这样，他会产生这种想法：可爱的爸爸、妈妈可以帮助我做一些我想做，但又做不好的事情，他不会因为感觉到被迫的学习而丧失兴趣，也不会因为人为的灌输而失去独立和自由的思路，于是，孩子身上的某种潜质自然而然的被激发了。

孩子能突破直观印象的限制，独立地思考问题，这是一种难能可贵的能力和禀赋，作为家长应当密切注意，积极调动，按照客观规律启迪孩子的善良本性及对美好事物的洞察和追求，培养孩子的创新素质，切忌拔苗助长，一味的望子成龙，反而忽视了客观规律，须知西瓜娇嫩的根茎在沙土中才会茁壮成长，肥沃的黏土地反而会使它窒息、枯萎。为什么有些孩子“小时了了，大未必佳”呢?大部分是和家庭教育有关。一方面，孩子小时候聪明，大人们就爱夸奖，这样反而会助长孩子的骄傲，听惯了溢美之词的小孩心理素质差，经受不了挫折和打击，生活一有波折和失败，就容易一蹶不振，甚至自暴自弃；另一方面，孩子小时候聪明，父母的期望也就高，有时候会不顾孩子的心理发展规律，人为地给孩子施加压力，提出不切实际的要求，结果适得其反。

有台湾学者说，艺术教育要成为必备的东西，如音乐，人如果不学音乐就不能成为完人，这种提法有其合理性，但是在实践中成了拿着鸡毛掸子逼着孩子弹钢琴。艺术成了折磨人的东西，这真是一个莫大的教训。而在美国，同样是学习艺术，但教育方式却大相径庭。

一位5岁的孩子来到迈阿密大学美术学院办的绘画班学习，在那儿，老师不教绘画的技法，不设样板，不立模式，每次都给一个题目，叫孩子自己去画，让他们从现实生活到内心想象的过程中自由构图，每次画完后，不问像不像，只问好不好。

孩子的父亲开始对这种教育方式不理解，后来通过实地考察，改变了想法。他意识到回答“像不像”的问题，是指“复印”得如何；回答“好不好”的问题，则是指“创造”得如何。绘画是一种技能，是一种可以被创造利用的技能，也可以是一种扼杀创造、重复他人的技能。技能可以由老师传授，但创造性是无法教的。创造性是潜伏在人的生理和心理层面的特质，是无法从A拷贝到B的，正像人的智力不能从老师传给学生一样，只能培养不能教。

1968年，美国内华达州一名叫伊迪斯的三岁小女孩告诉妈妈，她认识礼品盒上“OPEN”的第一个字母。这位妈妈非常吃惊，问她怎么知道的，伊迪斯说：“是薇拉小姐教的。”

这位母亲表扬了女儿之后，一纸诉状把薇拉小姐所在的幼儿园告上了法庭，理由是幼儿园剥夺了伊迪斯的想象力。因为她的女儿在认识“O”之前，能把“O”说成是苹果、太阳、足球、鸟蛋之类圆形的东西，然而自从幼儿园教她识读了26个字母，伊迪斯便失去了这种能力。她要求幼儿园对这种后果负责，赔偿伊迪斯精神伤残费1000万美元。

诉状上递后，在内华达州立刻引起了轩然大波。幼儿园认为这位母亲疯了，一些家长也认为她有点儿小题大做，她的律师也不赞同她的做法，认为这场官司是浪费精力。但是，这位母亲铁定了心就是倾家荡产也要去打这个官司。

三个月后，此案在内华达州立法院进行，最后结果出人意料，幼儿园败诉，因为陪审团的23名成员被这位母亲在辩护时讲的一个故事感动了。

她说，我曾到东方某国旅行，在一家公园里曾见过这么两只天鹅，一只被剪去了左边的翅膀，一只完好无损。剪去翅膀的被放养在较大的一片水塘里，完好的一只被放养在一片较小的水塘里。

当时这位母亲非常不解，问那里的管理人员。他们说，这样能防止他们逃跑。我问为什么？他们说，剪去一边翅膀的无法保持身体的平衡，飞起来后就会掉下来；在小水塘里的，虽然没有被剪去翅膀，但起飞时因没有必要的滑翔路程，而老实地待在水里。

听了这个故事，这位母亲很震惊，震惊于东方人的聪明和智慧。可是，她也感到非常悲哀，为两只天鹅感到悲哀。今天，这位母亲为女儿的事儿来打这场官司，是因为感到伊迪斯变成了幼儿园的一只天鹅。她们剪掉了伊迪斯一只幻想的翅膀，把她投进了那片只有 ABC 的小水塘。

这段辩护词后来成了内华达州修改《公民教育保护法》的依据，其中规定幼儿在学校必须拥有的权利：

（1）玩儿的权利；

（2）问为什么的权利，也就是拥有想象力的权利。

美国人非常清楚，这一规定，使美国在科技创新方面始终走在了世界的前列。

4.2.5　培养孩子良好的兴趣和爱好

科学家发现，人的手指神经在大脑皮层所占的区域范围非常大，是大腿神经的 10 倍。因此培养孩子的动手能力和广泛的兴趣和爱好有助于提高他们的智力水平。

在中国古代很注重这方面的家庭教育，小孩从小要学习“琴、棋、书、画”，这不仅仅是文人的雅兴，也是一种益智活动。弹琴讲究指法和全方位立体配合，对激活神经介质、开拓右脑潜能、增智开慧、提高思辩力、升华记忆力十分有利。围棋在黑白子之间运筹帷幄、决胜千里，培养的是总体观和系统观。中国古代儒生写字时要打坐、静心、调息，这对于规范学生的行为、举止很有裨益。书、画入门前要学习基本功，并且要临摹一些大师的作品，之后慢慢形成自己的风格，这种学习有章法可遵循，一代一代将好的技艺传承下来。

中国古代儒家要求学生掌握六艺，也就是六种基本才能，这六艺也泛指中国古代高等教育的学科总称。六艺有两种说法：一种是周代所说，指古人所要学习的六种技能，即礼、乐、射、御、书、数。《周礼·保氏》：“养国子以道，乃教之六艺：一曰五礼，二曰六乐，三曰五射，四曰五驭，五曰六书，六曰九数。”另外一种是汉代的说法：汉儒以六经为六艺，即《易》《书》《诗》《礼》《乐》《春秋》。“六经者，大艺也；礼、乐、射、御、书、数者，小艺也。语似分歧，实无二致。古人先识文字，后究大学之道。”（章太炎《国学讲演录》）

《礼记·经解篇》孔子曰：“入其国，其教可知也。其为人也，温柔敦厚，诗教也；疏通知远，书教也；广博易良，乐教也；洁净精微，易教也；恭俭庄敬，礼教也；属辞比事，春秋教也。”《史记》上说人的天性是好静的，感知外物以后就会影响人的情感，并按照自己的心智产生好恶之情，如果不加以节制的话，人就会被无穷无尽的外部诱惑和内心好恶同化而做出许多坏事，所以传统文化中的重视“礼”，歌曲要“乐而不淫、哀而不伤”，既抒发感情，又对感情有所节制。推及诗歌，也是要起到教化的作用，孔子曰：“诗三百，一言以蔽之，曰思无邪”。《庄子·天下篇》：“《诗》以道志，《书》以道事，《礼》以道行，《乐》以道和，《易》以道阴阳，《春秋》以道名分。”而《史记·滑稽传》孔子曰：“六艺之于治，一也。《礼》以节人，《乐》以发和，《书》以道事，《诗》以达意，《易》以神化，《春秋》以道义。”不同的典籍对六艺的功效有不同的概括。而这六艺可以说是概括了现代教育中提出的德、智、体、美、劳，而且内涵更为精深，形式更加具体[14]。

以下是西方国家父母家教和培养孩子良好兴趣和爱好的通常做法，也希望对读者有所启示。

英国父母让孩子有失败的经历和机会。孩子做某件事失败了，英国人的观念不是索性不让孩子去做或家长干脆包办了，而是再提供一次机会。比如孩子洗碗将衣服浸湿了，就指导孩子再来一次，教会他避免失败的方法。英国人倡导父母和孩子一起读书，许多学龄前儿童都是在父母讲述的美妙故事陪伴下进入梦乡的。

美国父母让孩子制定一个家务劳动计划，在劳动中学习。美国父母教孩子做家务，每周一次贴出要干的家务劳动内容，将某一特定任务指定某一孩子去干，确定完成任务的期限；轮流干某些活儿，让每个孩子都有机会去做没有兴趣或最容易干的工作；检查孩子的完成情况，使孩子因自己的劳动而产生一种完成任务的成就感。

加拿大父母让孩子学会玩。在家里孩子们很少有家庭作业，没有父母关于学习的喋喋不休，他们注重的是让孩子能整天轻轻松松，做游戏、玩玩具，在玩中学到书本上学不到的知识。

德国父母鼓励孩子与大人争辩。德国人认为“两代人之间的争辩，对于下一代来说，是走向成人之路的重要一步”，因此，他们鼓励孩子就某件事与父母争辩，自由发表自己的意见。通过争辩，孩子学会了独立思考，如果父母讲得有道理，他会打心眼儿里更加认可、依赖和尊重父母。这样父母如果让孩子完成一件事，他通过争辩弄明白了，会心悦诚服地去做。这种争论，也会带给父母很多启示。

犹太人让孩子从小就知道书本是甜的。在每个犹太人的家里，当小孩子稍微懂事时，母亲就会翻开《圣经》，滴一点儿蜂蜜在上面，然后叫小孩去吻《圣经》上的蜂蜜。这个仪式的用意不言而喻：书本是甜的。古时候犹太人的墓园常常就有书本，说是在夜深人静时，死者会来看书。这种做法有一定的象征意义，即生命结束有时刻，求知却无止境。

参 考 文 献

[1] 田森. 中国大学人文讲演录：知识经济对人类社会的重大影响[M]. 新疆：柯文出版

社，2001.
[2] 李政道．中国大学人文讲演录：科学和艺术——一个硬币的两面[M]．新疆：柯文出版社，2001.
[3] 杨卫星．指点迷津——谈学习心理[M]．北京：教育科学出版社，1998.
[4] 王极盛．创新时代——未来成功者的超智菜单[M]．北京：中国世界语出版社，1999.
[5] 阿图尔·布律迈尔．裴斯泰洛齐选集（第二卷）[M]．北京：教育科学出版社，1996.
[6] 丁宁．在北大听讲座——思想的魅力：西方当代艺术心理学[M]．北京：新世界出版社，2000.
[7] 张健鹏，胡足青．心里的锁——小故事中的大智慧[M]．北京：当代世界出版社，2001.
[8] 常青．叩开想象之门——想象思维训练[M]．北京：教育科学出版社，1993.
[9] 朱孝远．在北大听讲座——思想的力量：历史艺术的创新直觉[M]．北京：新世界出版社，2000.
[10] 董兴文．诺贝尔奖金获得者的家教[M]．北京：中华工商出版社，1995.
[11] 周永亮．华夏文明延伸之谜[M]．北京：解放军文艺出版社，1995.
[12] 章慧蓉．创新素质教育启蒙之我见[J]．中国教育经济与管理，2005(3)：13 ~ 17.
[13] 杨淑子．中华民族文化之我见[J]．中国高等教育，2005(5)：5.
[14] 石川拓治．这一生，至少当一次傻瓜[M]．王蕴洁，译．海口：南海出版社，2012.

5 学校，造就人才的殿堂

古云：学校者“造就人才之地，治天下之大本也”，精辟概括了学校是传道、授业和解惑的重要场所，尽管人才的造就不仅局限于学校，社会、家庭和军队同样可以锻造出栋梁之才，但学校对人才的培养还是无可替代的。

5.1 我国现阶段应试教育的主要问题

1979 年，中美互派教育考察团，对两国教育进行评估。

中国教育考察团的评估结果是：美国学校，教室如市场，学校不重视文化课，而是非常重视音乐和体育等学科，特别是小学生的科学研究和发明创造非常受到重视。孩子不遵守纪律，上课乱动，二年级了还不会背乘法口诀。结论：20 年后中国的教育必将超过美国。

美国教育考察团的评估结果是：中国学校，孩子遵守纪律，非常勤奋，甚至一大早拿着饼，吃着饭去上学，晚上回家还有大量的作业。结论：20 年后美国的教育可能会落后于中国。

可是 20 年后的 2005 年，结果如何呢？美国出了 43 位诺贝尔奖得主，174 位知识型亿万富翁，远远优于中国本土培养出的人才。

在“格式化”教育的体制下，我们的中小学是大学的“原料加工厂”，生产出“规格”大体相同的产品。这是一种病态的教育。“没有残疾的孩子，只有残疾的教育。”这究竟是教育学者的危言耸听，还是对人与教育之间客观规律的深刻反思？

我国著名教育家朱九思认为，当前我国高等教育的主要问题是“过弱的文化基础、过窄的专业训练、过强的功利主义。”而一些“理工科学生”，他们“或者表述能力不强，与之交流乏味；或者对美对艺术鉴赏和感悟能力太弱；或者在处事中木讷拘谨，甚至没有主见。他们被看作是高智商的头脑简单者；他们缺少的是真正的知识分子最起码的文化底蕴。我们长期的理工科教育，给学生太少的人文精神的滋养，导致我们的学生思维缜密却思维粗糙，这是我们教育的悲哀”。

2011 ~ 2012 年，在北京工业大学教育教学研究立项“工科大学生人文素质培养的研究与实践”的项目资助下，对 200 名左右工科大学生和研究生的调研中(表 5-1)，发现 22% 的学生人文素质得分不及格，其中本科生的不及格率为

24.7%，研究生以上情况稍好，不及格率为11.1%，从中也看出学习优秀的学生人文素质是比较高的，也就是说人文素质和掌握知识的优劣有一定的关联。但是总体情况反映出工科大学生的人文素质堪忧，大部分学生对自己的民族文化了解不够，文化底蕴较低。调查结果还表明学生的厌学情绪比较高，主要原因是对应试教育的教学模式、体系比较反感，但是又无可奈何，此外还有些学生反映是理论知识和实践脱钩造成对学习没有兴趣。

表 5-1　2011～2012 工科大学生人文素质调查结果

项　目	有过厌学情绪	经常有厌学情绪	大学期间有厌学情绪	人文素质得分小于60分	人文素质得分大于等于80分
占调查本科生总数的比例/%	46.9	6.7	30.2	24.7	39.5
占调查研究生总数的比例/%	37	14.8	18.5	11.1	48.1

近年来，国内发表的关于素质教育的文章较多，大多数是从学生的创新思维和创新方法上去研究，鲜有从培养学生的科学伦理和科学素养着手，往往是治标不治本。因此，要想提高学生的创新素质，必须标本兼治，从提高学生的综合素质和人文素质包括科学伦理和科学素养着手。

5.2　学生素质的培养

5.2.1　在教学理念上尊重学生的个体成长规律，寓德育于教学实践

中国传统文化重视道，即客观规律，经营有经营之道，做人有做人之道，同样教学有教学之道。教学之道在于人效法天地自然的运动变化规律，因人施教。

（1）创造师生之间和谐、合作的教学氛围。

课堂上师生的配合是建立在相互理解的基础上。教学是教师与学生“教”与“学”的双向互动。既然是一种互动，那就必然要牵涉到如何处理互动双方也就是师生之间的关系，和谐的师生关系是教学的理想状态。课堂上师生的配合是建立在相互理解的基础上。

许多老师和学生在教学中发生矛盾时，往往都在找对方的原因，而没有向内找，设身处地地为对方考虑，心里头有一种不公的感觉。其实换一种角度处理问题可能会使对方更容易理解和接受。例如，学生的迟到现象，可以说是高校中的

普遍现象。作为学生迟到不对，但是往往老师过重的批评又会激化矛盾，所以如果能在尊重学生自尊的情况下启发学生，告诉他学习是学生应尽的职责，迟到本身是不对的，而且迟到了会影响其他同学听课，启发他们能够站在他人和公众利益的角度看问题，用学生容易接受的方式处理问题会使很多矛盾得到更好的解决。建立在相互理解、相互尊重基础上的师生关系往往是和谐而又默契的，学习和交流也是高效的。

（2）尊重学生的个体成长规律，因材施教。

《论语·为政》朱熹集注中："子游能养而或失于敬，子夏能直义而或少温润之色，各因其材之高下与其所失而告之，故不同也。"这是因材施教的最早出处。著名教育家陶行知曾经说过：培养教育人和种花木一样，首先要认识花木的特点，区别不同情况给以施肥、浇水和培养教育，这叫"因材施教"。因材施教是在尊重学生身心发展规律的基础上进行教学的方式。一定年龄阶段的学生，他们的心理特点和智力水平既有一定的普遍性，又有一定的特殊性，教学中针对学生的共同特点和个别差异，因材施教，有利于扬长避短，长善救失。教师通过授课和课下与学生交流，充分了解学生的知识水平、接受能力、学习风气、学习态度和每个学生的兴趣、爱好、知识储备、智力水平以及思想、身体等方面的特点，以便从实际出发，有针对性地教学，教学中既要侧重全体，又要兼顾个体。

在与学生接触过程中，有时会发现一些学生能突破直观印象的限制，创造性地独立思考问题，这是一种难能可贵的能力和禀赋，作为老师应当密切注意，积极调动，按照客观规律启迪学生的善良本性及对美好事物的洞察和追求，培养学生的创新素质，切忌拔苗助长，不顾孩子的心理发展规律，人为地给孩子施加压力，提出不切实际的要求，结果适得其反。教师要能够尊重学生的自尊心，尊重学生对事物的理解和看法，不将权威的观念强加于学生，对于学生能力范围的事不去剥夺式的呵护、替代；鼓励学生多参加实践、探索，在克服困难中学习和思考；要能够启发和引导学生自觉自愿的学习，对自己的行为负责；要为学生们营造一个"思想自由，相容并包"的学习和文化氛围。

（3）培养学生真诚、坚持不懈、尊重事实的正确学风。

现代科学技术的发展瞬息万变、一日千里。各种新思潮、新理论层出不穷，怎样学会分辨真伪、善于取舍，变他物为我物，需要培养学生的科学精神。"科学精神包括：怀疑一切既定权威的求实态度，对理性的真诚信仰，对知识的渴求，对可操作程序的执着，对真理的热爱和对一切弄虚作假行为的憎恶，对公正、普遍、创新等原则的遵循。可以毫不犹豫地说，它们无不是人类精神中最深层次的内涵。在这一层次上，所谓科学精神与所谓人文精神——对人的价值的至高信仰，对人类处境的无限关切，对开放、民主、自由等准则的追求——是密不可分、相互伴随的。”[1]古往今来，这样的例子举不胜举，中国古老的阴阳八卦等理论曾被批驳是唯心的数术，但里面孕育的“二进制”光辉却让几千年后的西方人由衷感叹，爱因斯坦的狭义相对论和广义相对论，将人类研究的视野从三维空间向更多维空间扩展，但他曾因言行与众不同，被人们嘲笑是怪人，思想中充满了荒诞不经。19 世纪瑞士著名教育学家裴斯泰洛齐创造性地提出了对人性本质的看法，并深刻地揭示了人与自然、人与社会的关系，他的思想光芒和教学实践赢得了欧洲许多国家的支持和欢迎，但是他在自己的国家却受到了世俗偏见的冷嘲热讽，他们写诗嘲笑裴氏与穷人们促膝谈心，教失足儿童改恶从善，在他们保守的观念中穷人不应思考，那是达官贵人的事情……。[2]

所以，但凡成大事业者往往都具有耐得寂寞、耐得住失败、耐得住屈辱的锲而不舍的精神，毕竟时间是公正的，它能荡涤糟粕，去伪存真。固步自封，只能使人类对科学的探索停步不前。

在教学实践中，鼓励学生不要迷信所谓的权威和书本，要积极思考、开动脑筋，对暂时搞不懂的问题多问几个为什么，对一些新的理念和新的发现不要轻易否定。教师们在传授各科知识时，也应当注意方式方法。对于自然科学课程的讲授，教师们要善于应用直观的图例或实物等来启发学生的思维，通过阐述问题的存在和背景，告诉学生们公式展开的缘由、推导过程以及定理存在的基本条件，例如：不仅教给他们定理“三角形内角和等于180°”，而且要告诉他们这一定理存在的基本条件是在三维空间里，超越三维空间，三角形内角和就不一定等于180°，要让他们意识到时间和空间的制约性，要让他们明白定理并非是放之四海而皆准的一定之理，他有条件的限定和制约，公式的得出来自于条件的理想化，也不是一成不变的一定之规。不要让他们的思想被经验性的常规理论框死。学习应当是培养学生独立思考问题、解决问题的能力。培养学生真诚、坚持不懈、尊重事实的良好学风。

曾经有一位法国教育心理学家，给法国小学生和上海小学生先后出了下面这道完全一样的测试题：一条船上有 86 头牛，有 34 只羊，问这条船上的船长的年龄有多大?

法国小学生的回答情况是，超过 90% 的学生提出了异议，认为这道题根本没有办法回答，甚至嘲笑老师“糊涂”。显而易见，这些孩子是对的。

上海小学生的回答情况是，超过 90% 的学生认真地做出了答案，86 - 34 =52 岁。只有 10% 的学生提出了异议，认为这道题非常荒谬，无法解答。

这位法国教育心理学专家很惊异，两国的小学生为什么会在同一问题上会出现这么大的差别? 通过调查之后发现，主要原因在于环境，上海的大部分小学生毫不怀疑的认为："老师出的题总是对的，总是有标准答案的，如果不回答就会得零分。"这种绝对化的想法扼杀了对于事实和真理的追求。

在总结了这两次实验后，法国教育心理学专家颇有感触的讲道："应该教育孩子尊重老师，但更要教育孩子尊重真理。"否则对权威的从众心理，盲目的思维定势会扼杀做人的最重要的本性——追求真理。

(4) 在课程体系的设置上合理安排，为学生创造直观、自然的学习环境。

创新素质培养最忌用条条框框束缚学生的创造力，如果强迫学生记住空洞的字眼和概念，而学生没有办法通过内心感受和感官获得相应的印象，就会阻碍学生的注意力和观察力的正常发展，这是一种脱离生活的虚假的教育手段，当学生不得不去接受某种有驳常理的事物时，虚伪、矫揉造作和言之无物就会在学生心灵中萌芽。因此在课程体系的设置上应当合理安排，多为学生创造直观、自然的学习环境，注重理论和实际相结合。例如：采取校内、外实践基地相结合方式进行工程实践教学，走产学研结合的道路，既办学又促进生产和科研，同时发挥了校内外两种教学资源的潜力，既有利于引导学生将所学的专业知识应用于实践，又有利于培养学生的创业精神和创新能力，不仅能够巩固他们的专业基础理论，还能够加强学生的技能训练，全面提高学生的素质，锻炼他们分析问题、解决问题的能力。

(5) 塑造学生正确的价值观和世界观。

许许多多的科学家，他们的伟大之处，不仅在于他们的卓越研究成果，还在于他们坚持真理、不畏强权、勇于自我牺牲的人格魅力和坚持不懈、勇于创新的精神。教师在讲课的同时，适当地讲述一些科学家、历史名人的传记，不但能活跃课堂气氛，同时也能唤起学生们崇高的精神情感。

5.2.2　注重教学方法，寓美育于教学实践

在遵循学生身心发展的客观规律的基础上，要想吸引学生、提高教学效率、鼓励学生积极思考、激发他们的创造性思维，还要注重教学方法的研究，也就是要注重"道"和"术"的关系，教学也是一门艺术，可以从以下几个方面着手。

(1) 优化选择教学内容。

教学内容不能照搬教材内容，教材仅仅是教学的文本资源，是教学的一部分。教师作为课堂的主体，应当对教材进行再创造，通过优化选择对教材内容进行加工、处理，找到重点、难点，以及学生兴趣点。而且这种过程应当是动态的，根据教学中学生的反馈不断进行调整。教师能够对所教授的内容了如指掌、融会贯通、得心应手，在授课时自然就会有"一览众山小"的沉着、自信和练达，这样教师在讲解时才能把更多的精力放在观察学生的理解程度、与学生进行

交流和互动方面，教学才能切入学生的经验领域，课堂才能成为师生互动的空间，才能引导学生主动学习。

例如:《土木工程施工》课程教学重点为土方工程、混凝土工程、结构安装工程、流水施工、网络计划技术及单位工程施工组织设计。难点为土方调配、土方工程量计算、流水施工及网络计划技术等。

基本要求是了解各工种工程的施工工艺，掌握主要工种工程的施工工艺；初步掌握分析处理施工技术问题的基本能力；掌握施工组织设计的基本原理和编制单位工程施工组织设计的方法；对施工学科发展有一般了解，对现行施工规范、质量标准有所了解。

在教学内容上，可以采取扩充知识面的方法。对大部分章节，如混凝土结构工程、钢筋工程以及钢筋混凝土单层工业厂房结构吊装等，通过查阅大量资料，对混凝土的产生和发展、冶炼工艺和炼钢以及工业厂房的作用、类型等相关内容进行了历史回顾；对某些章节，如装饰工程，对新型装饰材料、技术、方法等发展趋势做展望，从而丰富了教学内容，激发了学生学习的兴趣[3]。

（2）把握良好的教学节奏。

在教学过程中把握良好的教学节奏，不但可以使学生在轻松的环境下学到知识，还可以提高学生对知识的记忆，巩固所学，寓教于乐。要掌握好教学节奏，要求教师在授课时，在言简意赅的基础上，通过语言的起伏有致、抑扬顿挫，把握教学的节奏，做到重点突出、条理清晰、思路明确、整体和谐。正如徐大椿在《乐府传声》中所说:“曲之徐疾，亦有一定之节，始唱少缓，后唱少促，此章法之徐疾也；闻事宜缓，急事宜促，此时势之徐疾也；摹情说景宜缓，辩驳趋走宜促，此情理之徐疾也。”课堂教学的节奏把握得好，能使整个课堂教学节奏分明、充满活力，体现出流动的美，也能激发学生的学习兴趣和创造性思维。

（3）深入浅出、启发式教学。

“深入浅出”有两个层面的含义：一是指备课深入，二是指授课浅出。浅显的现象蕴含着深刻的道理，例如授课时讲到两点概率，可以通过抛掷硬币的例子，引出如果抛掷次数无限多，正反两面的概率均为二分之一。通过两点概率又可启发学生们举出生活中同样的例子，加深记忆。灵活地运用归纳法和演绎法，用简洁、准确的语言表达能使高深的理论教学浅显易懂，便于学生理解和掌握，同时可以激发学生的兴趣，调动学生的积极性，变被动的学习为主动的掌握。此外，深入浅出的教学也可通过现代多媒体教学技术来实现。

例如：《土木工程施工》课程实践性很强，许多施工工艺、机具设备、技术要求等，难以在有限的课堂时间内用口述和在黑板上作图表达清楚；现场参观虽然有较好的效果，但往往受到时间、工程内容及工程进展情况等限制。而计算机多媒体教学可以集文字、数据、图片、音响、录像等多种教学信息于一体，给予学生更多的感官体验，以加强学生对陌生的实践过程和难以想象的抽象概念的认识和理解，因此它具有信息功能强、教学效率高、形式新颖活泼、令人喜闻乐见的特点。教师将在施工现场拍摄到的施工工艺的图片和影像资料应用于施工课件的制作，可以使得讲课中一些较抽象的内容，如混凝土浇筑的操作方法等变得直观、易懂。以往课程中难以演示的施工机具，也可以采用实际的图片，简单、易学，取得了良好的教学效果，减少了课堂教学中抽象的说教，理论和实际是相结合的，学生在观看实际录像时，往往能积极思考、发现问题[6]。

从单纯传授知识转变为在传授知识的同时，引导学生养成乐于思索的习惯。例如在介绍都江堰水利工程的鱼嘴分水工程时，比较有趣的是鱼嘴所分的水量有严格的比例。春天，岷江水流量小，灌区正值春耕，需要灌溉，这时岷江主流直入内江，水量约占六成，外江约占四成，以保证灌溉用水；洪水季节，二者比例又自动颠倒过来，内江四成，外江六成，使灌区不受水潦灾害。在壁上刻的治水《三字经》中说的“分四六，平潦旱”，就是指鱼嘴这一天然调节分流比例的功能。

在数学里有一个非常奇特的数 0.618，称之为黄金分割数。它有着令人不可思议的代数和几何性质。按照 0.618 的比例来分割，称之为黄金分割，所以 0.618 也称为黄金比例。“分四六”正好是黄金分割。0.618 被誉为“最具审美意义的数字”，无论是埃及金字塔、古希腊帕特农神庙、巴黎圣母院、埃菲尔铁塔，它们的结构比例都符合 1∶0.618 的比例，此外在音律、绘画、雕塑等构图和布局设计中 0.618 无处不在，带给人以整体上的和谐与愉悦之美，在课堂上边讲授教学内容，边展开讲解，潜移默化地把美育贯穿其中，激发学生的学习热情和探索的积极性。教学方法不仅启发了学生，而且通过教师与学生、教与学的互动，提高学生学习兴趣。

（4）逻辑简洁、治学严谨。

爱因斯坦曾经坦言：“照亮我的道路，并且不断地给我新的勇气去愉快地正视生活的理想，是善、美和真。”他认为客观存在的物质世界是对称的、和谐的和统一的，对于反映客观世界的理论基础应当遵从逻辑简化原则。能够把复杂的问题合理简化，从而找到解决方案，这是做研究和解决实际问题的一种能力。高等教育最大的特点是教会学生学习的方法，获得独立解决实际问题的能力，而不仅是堆砌和罗列知识，即知识的灌输，“大道致简致易”，复杂了并不一定好。教学中应当遵从逻辑简化原则，重点突出，语言简洁。

教育是一项伟大的工作，教育可以使人摆脱愚昧，也可以使人有一技之长。但归根结底教育应当教会人做人和做事，成为和谐发展的人。融入了德育和美育的教学能让学生感受到理性之美、智慧之美，感受到人类心灵的博大与深邃，感受到人类所创造的文化的灿烂与辉煌，能够使学生在轻松愉快的学习氛围中掌握知识，并以新的眼光审视生活、洞察物理人情，这些正是培养学生创新素质的基础。

5.2.3 重视学生动手能力的培养

在国外，非常重视工科学生动手能力的培养，以日本为例，培养技术管理人才的大学和培养技术操作能力的大学（相当于我国的职业学校）都能得到较均衡的发展，并且获得的生源也是均衡分配的，这主要在于社会对管理者和技能者一视同仁，例如在建筑领域，施工管理技士（相当于我们国家建筑领域的建造师）和高级技能师（相当于我们国家的高级技工）在社会受到平等重视，由于管理者和技工在社会中都能人尽其才，因此社会的发展也是高效的。同时教育也注重培养学生的动手能力，日本的孩子在幼稚园（相当于我国的幼儿园）阶段就有木作的手工，考入大学后，各种各样的实践教学活动往往需要学生亲力亲为，对于培养学生的动手能力很有裨益。而在我们国家长期的应试教育思想指导下，评价好学生的标准往往是分数，高校学生普遍擅长笔试，但是动手能力相对西方国家的学生有差距，这种教育模式下培养出的学生往往缺乏实干精神，而且社会的普遍氛围是重视脑力劳动的管理者，轻视体力劳动的技工，造成家长望子成龙的心态下对孩子的精英教育从幼儿园就开始，但结果往往是拔苗助长，这也是阻碍学生综合素质培养的一个重要问题。

可喜的是，近年来许多高等院校越来越重视培养学生包括动手能力在内的实践创新能力，“卓越工程师教育培养计划”（简称“卓越计划”）就是在这种大趋势下应运而生的。“卓越计划”是贯彻落实《国家中长期教育改革和发展规划纲要（2010～2020年）》和《国家中长期人才发展规划纲要（2010～2020年）》的重大改革项目，旨在培养造就一大批创新能力强、适应经济社会发展需要的高质量各类型工程技术人才，为国家走新型工业化发展道路、建设创新型国家和人才强国战略服务。截至2010年，我国开设工科专业的本科高校1003所，占本科高校总数的90%；高等工程教育的本科在校生达到371万人，研究生47万人。该计划对促进高等教育面向社会需求培养人才、全面提高工程教育人才培养质量具有十分重要的示范和引导作用。

一些高校在探索和实践卓越工程师培养模式、卓越工程师培养方案等方面做了积极的尝试，大力推进工程教育的人才培养模式，图5-1～图5-4是在浙江大学调研时拍摄到的一些图片，从中可以看出，土木工程学院在落实“卓越计划”上非常重视学生动手能力的培养，在有限的空间内，将工程模型等的制作代入课堂，以直观的方式加深学生对工程实践的理解。

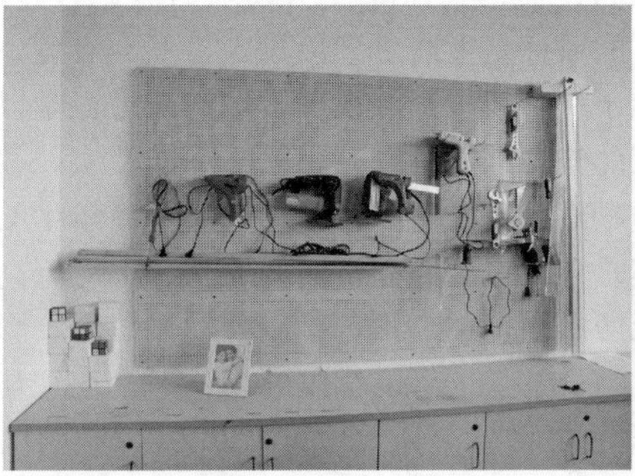

图 5-1　教室中的实践操作工具

图 5-2　学生建模 1

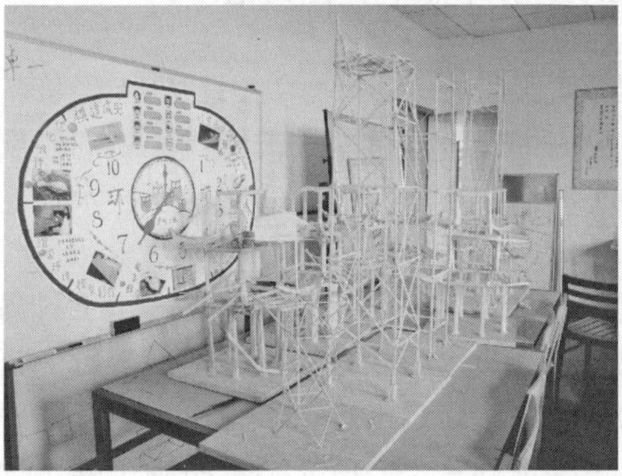

图 5-3　学生建模 2

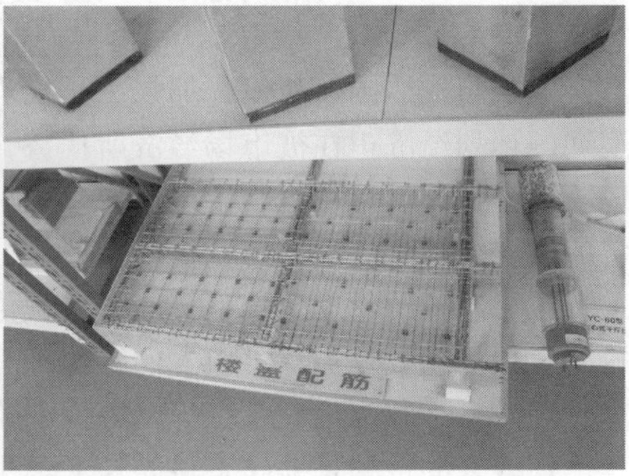

图 5-4　楼盖配筋模型

5.2.4　重视工科大学生的实践教学活动和社会实践活动

高校工科教育由理论教学与实践教学两大部分组成，而实验、实习、课程设计和毕业设计等环节组成实践教学这一部分，大体上占了大学教育阶段 30% 的时间。其中由专业学科部直接组织的实践教学环节构成了工程实践教学体系，约占实践教学总学时的 2/3，可见其比重之大，也非常重要，但是在实践中，效果往往并不好，主要体现在一些企业并不愿意接受实习学生，实习有时成了学生的小假期。这是由于高校和企业的职能和追求目标的不同造成的。企业往往是以盈利为目标的，受其短期利益的支配，希望在最短的期限内找到特定问题的解决办法，并且保守商业秘密和技术权限。而对“University”（大学）而言，从它的构词看，“Universal”指宇宙的，也就是说科学是探索宇宙普遍的规律，而工程技术是将这种规律性的知识应用于实践，也就是说高等教育界以探索和传播宇宙间普遍存在的“真理”、传授工程技术知识为使命，它保守技术权限的意识较差。实际工程需要绝对可靠的方案和技术，它的目标是生产出直接投入市场、有竞争力的产品，而学生参加工程实践，目的在于从实践中开阔视野、培养能力、学以致用，而不是把时间过多地放在技术规范的查阅上，所以，职能的不同使实践教学的具体实施有一定的阻力[2]。另外，重视学生有意义的社会活动对提高学生的综合素质非常有益，我国很多高校，尤其是大城市的高校，例如北京、上海等高校非常重视学生的社会实践活动，各种社团组织也层出不穷，例如动漫协会、影视协会、太极协会等等，既有中国特色又结合学习，可以学以致用，但是往往与生活非常贴近的较少。而以日本为例，学生在假期和业余时间可以去乡村耕作，这种体验民情和融入社会生活的社会活动建议也可以多加鼓励。

5.3　在高校中开设工程伦理课程的重要意义

中国与发达国家相比，加强工程伦理教育显得尤为重要。我国正处于经济转型期，计划经济正在被市场经济所代替，原来的经济运行模式被取代，新的制度还不完善，监督管理机制不规范，存在种种漏洞和缺陷，无法适应科学技术与经济的发展。

工科高校的伦理教育不等同于工程伦理教育。工科高校的伦理教育比工科高校的工程伦理教育宽泛，包含网络伦理教育、环境伦理教育、科学伦理教育、技术伦理教育、职业伦理教育等多方面的伦理教育，当然也包括工程伦理教育。工程伦理教育的目的是提高工科高校大学生工程伦理意识，使大学生明确工程伦理规范，明确工程师的伦理责任。

目前，我国绝大多数工科高校都没有开设工程伦理教育的相关课程。工科教师也普遍缺少工程伦理教育的知识，甚至缺乏工程伦理教育的意识，浮躁和急功近利是现在社会的风气。多数工科大学生对工程伦理就更是不知所云，几乎没有什么了解和认识。

当今我国许多工程活动已经引起了一些负面效应，在国家十分强调保护生态环境、重视社会可持续发展的情况下，工程伦理教育在工科高校中却处于被忽视的状况，不适应我国科技发展、经济建设与整个社会可持续发展的需要。工科高校加强工程伦理教育应从以下几方面入手：[15]

（1）开设工程伦理课程。在国外，对工程伦理教育十分重视。美国许多院校都开设了工程伦理学课程。我国高等工科院校中应该安排专任教师开设工程伦理教育课程，作为所有工科大学生的必修课或选修课，对学生进行系统的工程伦理方面的教育。开设包括正规化、常规化的工程伦理课程，以及在专业基础课和人文素质方面的公共课中加入工程伦理内容。开展工程伦理学教学首先要领导重视，从体制上加以支持。工程伦理学是新兴的交叉学科，传统的专业课和伦理学都不能涵盖它，没有制度上的支持，工程伦理教育是很难维持的。

（2）学校要有计划地对工科教师进行工程伦理知识的培训和教育，增强他们对此问题的重视，提高他们在工程伦理教育方面的知识水平和教育能力，使他们在专业教学中注重培养大学生工程伦理意识，把课堂教学作为工程伦理教育的主要途径。

（3）根据工科面向实际和应用性强的特点，在工科高校教学中，一方面要引入真实案例或模拟案例，提出问题供师生共同探讨、研究；另一方面，在学生的毕业设计及毕业论文中要强调工程伦理意识和规范原则，并以此作为评定学生毕业设计及论文的一个重要标准，以使学生增强工程伦理的意识，提高面对复杂因素进行具体分析、综合，进而做出正确判断和选择的能力。

（4）开展产学合作，让学生在实践中学习工程伦理。通过产学合作，学生在校期间可以走出校门，进行工程实践，与现场技术人员一起践行工程伦理原则，接受工程实践的锻炼。学校要努力创造条件，有计划地安排大学生进行生产实习，让他们有机会到工程活动的第一线去亲自实践，参与工程设计、管理、考核与评估等方面的工作，使他们在这一过程中亲自感受和认识到工程活动对人类生活、对社会可持续发展的重要影响，领悟到工程活动中蕴含着的伦理价值。

（5）加强专业课教师和工程伦理学教师的交流与合作。要使工程伦理学教学切实有效，课程应该和专业课相结合，密切联系学生所关心的问题。学校需要创造条件鼓励和促进这种合作与交流。要加强对工程伦理问题的研究，培训工程伦理学方面的专职教师和研究人员。

（6）由于工程伦理教育是一个人文教育和科技教育相互交叉、融合的学科，面对的问题往往来自不同的科技领域，同时需要哲学、伦理、历史、文化及环境等多方面学科共同参与进行综合研究，所以应该注重从不同的工程领域中搜集和提出问题，综合运用自然科学和人文社会科学的研究方法研究、探索解决问题的方案，寻找出可供共同遵循的规范和原则。如此，也就需要来自不同学科领域的许多教师共同配合，才能完成工程伦理教育。

5.4 加强产、学、研合作，培养学生的社会适应能力

经济的发展，需要企业提高自身的科技含量，增强产品的竞争力；需要提

高员工的素质，对员工进行培训和继续教育，而科研的发展也需要企业的参与和支持。如何把大学、科研机构和企业更好地结合起来，充分利用三者的资源，发挥三者的优势和潜力，这是一个世界性的课题，早在1993年，联合国教科文组织（UNESO）就发起了一项计划UNISPAR（大学-企业-科学合作计划），旨在加强三者之间的合作。以美国、加拿大等西方发达国家为例，1906年美国的辛辛那提大学就建立了第一个合作教育计划，至今已发展到有900所大学、20多万学生参加的“工学交替”形式为主的产学研合作教育；以斯坦福大学为基地的“硅谷”和以麻省工学院为中心的“128公路”等均闻名于世。加拿大在1957年由滑铁卢大学发起，至今已发展到近130所高校、5万多名学生参加的“工学交替”为主的产、学、研合作教育[1]。美国、加拿大、德国等西方发达国家，视产、学、研合作教育为基本国策。他们一方面积极推进产、学、研合作科技开发，诸如“科学园区”、“工程研究中心”等来促进经济发展；另一方面努力开创“产、学、研合作教育”模式，为大学教育注入新的活力[3]。其他国家，如英国、原苏联、德国、瑞士、日本和澳大利亚等，也都十分重视加强高校与工厂、研究所的合作。在产、学、研合作领域，可以说发达国家已有了较成功的经验。

我国从1949年以后，高校与企业的合作最初萌芽于20世纪50年代。但是随后而来的“大跃进”、“文化大革命”，使这一合作近乎于停滞甚至倒退，真正得到发展是在改革开放以后的八九十年代。1989年，北京工业大学樊恭休教授参加了在加拿大召开的第六次世界合作教育大会，这是我国首次派代表参加世界合作教育大会。樊教授回国后向教育部汇报了会议情况，并且建议在我国推广实行合作教育研究与实践。1990年，教育部高教司主持了全国第一次合作教育座谈会，提出在高校广泛开展产学合作教育。

通过多年的探索与实践，从“合作教育”到“产学合作教育”再到“产、学、研合作教育”，这种人才培养模式在我国的开展方式主要有：

（1）工学交替形式。这种形式是将一年分为三个学期，每一学年中，有两个理论学期，一个学生到企事业单位顶岗实践的工作学期。上海工程技术大学、江汉石油学院等，从1985年开始先后进行这种模式，至今已经形成了一套比较完整规范的管理机构和运行操作方法。

（2）预分配的“3+X”形式。这种人才培养模式的主要形式为“3+1+1”形式，其教学组织与管理改革的主要内容是：前三年以校内培养为主，按专业大类招生，不分专业方向，完成全部的公共课程、专业基础课程以及基本的实践课程的学习。第四年以用人单位培养为主。学生在校学习满三年后，根据学生自愿申请、学校推荐、用人单位审查的原则，经三方认可后签订联合培养协议书，预分配到用人单位，进行生产实践和专业上岗训练一年。学生最后一年返校，自由选择专业方向和适合自身发展的课程，并完成自己在工程实践中选定的毕业设计课题。学校根据学生所选专业方向和毕业设计课题的不同，打破原来的班级界限，重新编班组织教学。这种模式除了“3 +1 +1”形式之外，还可根据合作年限分为“3 +0.5 +0.5 +0.5”等多种形式，西北工业大学、华东理工大学等院校从1985年先后试行，取得了很好的效果，也积累了成功的经验。

(3) 中后期结合形式。中后期结合形式是学生在校学习期间安排一次较长时间的实践活动，一般为一学期至一年不等。这种模式与“3 +1 +1”最大的区别在于不延长学制。湖北汽车工业学院进行的“3.5 +0.5”模式、南京航空航天学院的“3 +1”模式等都属于这种模式。

(4) 结合任务的形式。这种形式是学生在学校老师的指导下，通过完成用人单位提交的实际项目，如调研任务、采访任务、勘察规划任务等，培养学生的实践能力，提高学生的综合素质。这种形式由于任务的大小和时间多少的不固定性，实施过程中需要一个比较灵活的教学计划和管理体制。这种形式在复旦大学、南京大学等高校得到广泛开展[2]。

虽然我国高校开展产、学、研合作已有相当长的时间，也取得了很大成绩。但是，与国外相比，无论从深度和广度上都存在着差距。这种差距的产生，一方面与国家的政策环境有关；另一方面则主要是由于高校和企业对产、学、研合作认识的不够，产、学、研合作体制与机构没有建立起来。产、学、研合作主要存在下列问题：

(1) 过分强调产、学、研合作中的经济利益，忽略了高校的主要责任是人才培养。

(2) 高等院校办学观念上的错位。高等院校实行产、学、研联合是办学指导思想的重大转变，但部分高校着重点放在追求重点学科数量以及硕士、博士点数量上，缺乏市场观念和商品竞争意识；教师搞科研仅着眼于学术水平和经费的多少，在选题上不是以解决经济建设中出现的实际问题为导向，而是为拿到课题经费而搞研究，导师成了老板，学生成了打工仔，评职称和课题经费的多少挂钩，盲目从社会引进专家做老师，挂靠在高校干私活，造成教学质量的下滑，知识分子不再是知识的载体、社会的良知，而成了市场经济体制下的商人。

(3) 高等院校的管理体制不能适应产、学、研合作的发展。目前我国高校的管理体制基本上还是一种单一的纯粹事业性质的体制，对高校产、学、研合作实体（包括科研型、生产型、服务型产业）的发展出现了不适应状态，同时降低了学校的办学活力。

基于以上的原因，要解决存在的问题，完善产、学、研合作，首先要明确产、学、研合作教育的基本内涵是指：以培养提高学生的全面素质、综合能力为重点，充分利用学校和社会两种不同的教育环境和教育资源，以及在人才培养方面的各自优势，把以课堂传授知识为主的学校教育与从生产实践、科学研究中获得的直接知识有机地结合于学生的培养过程之中。学校、企业、科研单位三方本着优势互补、互惠互利、共谋发展的原则，共同开展产、学、研合作教育，培养人才，其目的是提高学生对社会与生产的适应能力[3]。

案例一：北京工业大学产、学、研合作案例

北京工业大学建工学院从2011年开始通过加强与施工企业的合作，对学院土木工程专业结构工程学科方向本科生的土木工程施工课程的实践教学进行了探索型的改革实践，取得了较好的效果。总结经验为：合作充分发挥校内外两种教学资源的潜力，引导学生将所学的专业知识应用于实践，并且及时将企业好的施工技术和经验通过发明、专利和论文等方式总结并发表、传播；通过与大型施工企业签订学生参加实践教育的协议，建立校外实习基地以此带动学生实践的长期和稳定发展，锻炼学生实践能力。通过加强企业和高校的合作，在短短几年取得了教学和科研等方面的双赢，以下为具体举措。

1. 校企合作双方概况介绍

北京工业大学创建于1960年，是一所以工为主，理工、经管、文法相结合的多科性市属重点大学。自成立至今，北工大始终秉承"不息为体、日新为道"的办学精神，为"人文北京、科技北京、绿色北京"和首都"世界城市"建设做出积极的贡献。北京工业大学建筑工程学院，自1998年4月成立，定位为适应北京市建设国际化大都市和北京工业大学211工程建设的需要，培养面向21世纪的高层次人才。为贯彻《国家中长期教育改革和发展规划纲要（2011～2020）》精神以及教育部"本科教学工程"要求，结合北京工业大学第五次教育教学大讨论和2012级本科教学计划修订工作，学院加大了对实践教学的重视程度，其中如何建立校、企长期合作，为学生提供一个稳定和良好的实践平台是保证实践教学顺利实施的重要举措。

中国建筑第八工程局（北京）第一事业部为中国建筑第八工程局有限公司（以下简称"中建八局"）在北京区域的一个责任单位，同类事业部中建八局在北京拥有十几个，均为在办事处总体协调下独立经营的市场主体。中建八局一部自2001年进入北京，目前已经具备年承揽合同额30亿、完成施工产值16亿的施工总承包能力，近几年合同额及产值均以20%～30%的增幅稳步提升，为北京城市建设做出了积极的贡献。

"为北京市的城市建设做贡献"，在这一点上，北京工业大学建筑工程学院和中建局（北京）第一事业部有契合的合作基础。

2. 合作的特点及合作过程

自2011年始通过与施工企业建立良好的合作关系，取得了阶段性成果。主要包括：由高校老师将企业好的工程经验加以总结形成科技成果，共同发表了论文；通过工程实践发现创新点，以实用新型或发明专利的形式实现对知识产权的保护，达到创新驱动的目的。在此基础上2012年北京工业大学建工学院与中建八局一部正式签定了合作协议书，就学生实践教学等达成中长期协议，以实现共同发展，合作双赢。

诚信是合作的必要条件，在双方互相认知对方资源优势的同时以签订协议的方式明确了各自的权力和义务（协议内容略）。通过在签订合作协议书中加入了对甲方（高校）的要求，也就是增加条款："依据实际需要，可为在乙方参加实践教育的学生进行人身保险。"以此来解决施工企业的后顾之忧。

3. 合作的成果和效益

通过校企合作建立校外实习基地，在三年内，企业接收本科生实习50人次。

学生通过工程实践，理论联系实际，不仅巩固、深化了对课本所学的理论知识的理解，并为后续专业课程学习取得了感性认识；学生通过实践训练，也锻炼了提出问题、分析问题、解决问题、从实践中汲取知识及概括总结的能力；实践的过程也是学生认识社会、了解社会的过程，从一线工人和工程技术人员身上学生们可以学习对工作严谨、认真负责的态度；加深学生对专业的了解与热爱。此外，通过与企业合作，校企完成已授权实用新型专利18项，发明2项。师生与企业合作发表论文6篇，取得了显著的成果[14]。

案例二：高校教学改革与实践创新实例——北京建筑大学土木学院施工教学系列改革与实践创新

近年来，随着我国城市化进程不断深入，社会对土木工程施工人才的需求迅速增加，企业对高校所输送人才的实践能力与创新意识的期望值也越来越高。而与此同时，高校为了提高考研率、就业率，在人才培养上重基础轻专业、重理论轻实践、重设计轻生产、过多拓宽口径，造成专业课程不足、实践环节达不到应有的效果、课程教学与实践环节相互孤立脱节等现象较为严重，所培养土建人才的工程实践能力薄弱、创新意识匮乏问题日益凸显，严重制约了工程人才的培养质量。

经过对北京建筑大学土木工程专业毕业生就业去向统计分析，2000~2003年四届中，毕业生395人，去往施工单位的占45%、开发及甲方占12%、监理咨询占11%，即68%从事施工及相关行业工作；2004~2007年四届中，毕业生912人，去往施工单位的占49%、开发及甲方占14%、监理咨询占12%，即75%从事施工及相关行业工作。可见，从事施工及相关行业工作的毕业生占70%以上，且呈上升趋势。

为适应新形势下学生就业去向及行业对人才的要求，强化北京建筑大学土木工程专业毕业生工程能力与创新意识的培养与锻炼，以保持在建设行业内的优势与特色，施工教研室教师依托“培养土木工程施工管理人才的课程体系优化与教学内容研究”、“以提高工程能力为导向的施工课程体系综合改革与实践”、“施工过程仿真模拟在教学中的应用研究”、“案例教学在土木工程施工课程中的应用研究与实践”等多项教研课题，秉承“实践育人”的理念，通过加强施工课程与实际工程的紧密结合，强化课程建设，不断改进教学方法和教学条件；改革生产实习、毕业设计等实践环节，对学生进行综合、强化训练，提高学生的工程应用能力与创新能力，探索了培养具有岗位上手快、工程能力强、能创新、有发展、深受企业欢迎的优秀工程师的方法，取得了显著的效果。

近年来，施工教研室教师共计完成相关教研项目 10 项，发表教研论文 17 篇，主编出版相关教材及辅助教材 9 本（其中：列入国家级规划教材 2 本，北京市精品教材 1 本，获校级优秀教材或教学成果奖 3 本），获得局级以上教学奖励 30 项（其中：省部级 6 项，教学课件 2 项），获评校级精品课程 2 门、北京市精品课程 1 门。取得成果的主要内容如下。

1. 以工程能力培养为中心，率先构建了贯穿递进式施工教学模式

本着工程应用创新型人才培养必须秉承“实践育人”的理念，将以往相互独立的课堂教学、社会实践、生产实习、毕业设计等环节有机衔接，构建了以实际工程为依托、理论教学为引导、动手实践为主线的贯穿递进式教学模式，并理清了阶段间的联系与阶段目标，见图 5-5。

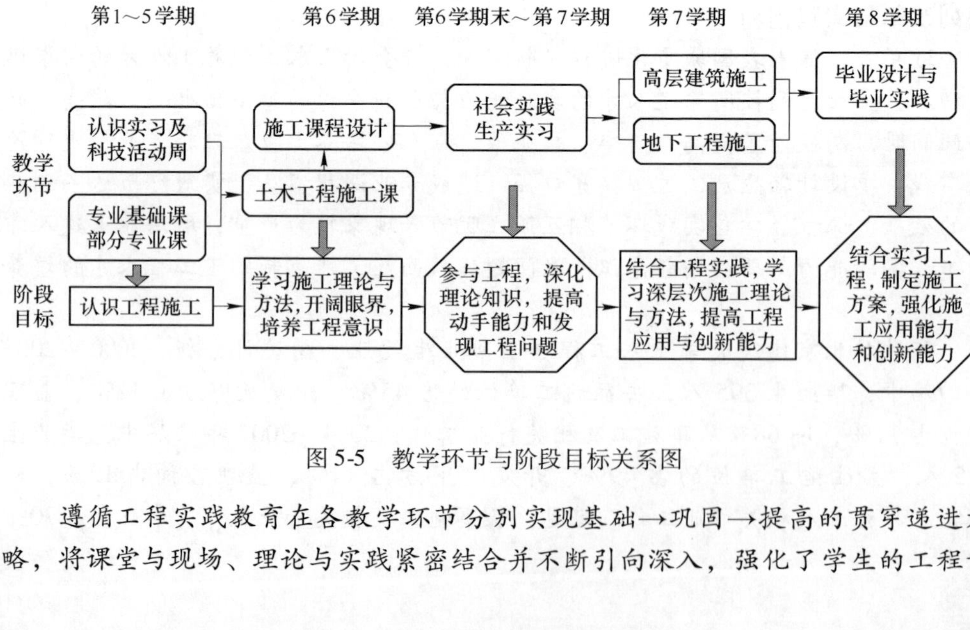

图 5-5　教学环节与阶段目标关系图

遵循工程实践教育在各教学环节分别实现基础→巩固→提高的贯穿递进方略，将课堂与现场、理论与实践紧密结合并不断引向深入，强化了学生的工程素

质和应用、创新能力，探索了校企人才无缝对接的途径。

2. 以工程应用为主导，以现代化科学技术为载体，教学方法和手段推陈出新

(1) 建成了包含奥运工程、世博工程、中央电视台、国家大剧院等60余个重大、热点、现代新型工程的施工案例资源库，并开创了分段式案例教学新模式。

施工教研室教师在施工课程教学中，一贯重视理论与工程实际紧密结合，积极地将实际工程案例引入课堂教学。不但在教材、课件以及授课、作业过程中与实际工程紧密结合，还及时将在建工程、特色工程、国家重点工程、施工新工艺、新方法等随时补充到教学中。经过教师及发动学生广泛收集实际工程施工案例并加工整理，建成了内容丰富、形式多样的"土木工程施工案例资源库"，既增加了教学资源，也使得"教"、"学"共长。利用独创的施工案例资源库，采取课程理论与工程案例穿插分段教学模式；使用自制的施工现场视频、动画和图片为主的教学课件，实施符合施工课程教学特点的形象化、信息化为主的教学法，并及时将最新施工技术引入课堂，激发学生的主动性和积极性，增加工程见识和经验，为解决工程实际问题打下基础；此外还录制了热点、特色工程施工的影片、动画演示等资料（如上海第一塔、广州电视塔、帆船酒店、阿布扎比斜塔、鸟巢、中央电视台、迪拜塔、新加坡金沙酒店、吉隆坡双子塔等），并将影片提供给学生，要求课下学习观看，使学生能紧跟世界级工程建设的步伐，增加工程经验。该项目于2009年荣获中国建设教育协会优秀教育教学科研成果二等奖。

(2) 创建了国内高校首个施工仿真实验室和施工实训基地。

北京建筑大学土木学院在全国首创了施工仿真模拟演示室，使教学更加生动、形象，得到了多家媒体的广泛报道。通过基于建筑信息模型的三维仿真模拟演示现代化搅拌站作业、鸟巢等大型施工场地布置、地下盾构施工、地铁车站洞桩法施工等内容，以及中央电视台新址施工、广州电视塔施工、"美国世贸大厦因何倒下"等动画演示，使学生深刻理解与掌握工程的实施过程、施工方法和经验教训，增加对其施工关键技术、特色工艺的认识和理解；根据教学内容设计并在实训基地指导学生制作建筑结构、塔吊、模板、脚手架等模型，培养创新思维、训练动手能力。

(3) 编著出版了紧密结合工程实际的配套教材和形象化的教学课件。

教材是课程教学的基础，其完整性、适用性、先进性程度对提高教学质量起到重要作用。依据施工系列课程综合性、应用性、实践性强的特点，充分发挥与建设行业企业紧密结合的优势，深入施工现场一线，紧跟行业技术发展及规范规程的更迭，及时编写适时、适用教材是施工课程建设与改革的重要

内容。

施工教研室教师共编写出版了 9 本教材，构成了“以培养工程能力为目标”的主教材、辅助教材、习题集配套的完整的施工系列课程自编教材体系，也实现了教材随着施工新技术发展和国家标准、规范更迭而及时跟进、更新。

在出版的教材中，获得北京市精品教材 1 本、国家级规划教材 2 本。其中 2009 版《土木工程施工》、《建筑施工-多媒体辅助教材》（第二版）结合近些年来现代施工技术的快速进步和发展、国家规范的修订以及教学方法的改进，从内容、形式、结构等方面进行了全面修整和改进，并将新的教学方法以及科、教研成果在教材中加以体现和运用。奥运工程、世博工程、国家大剧院、国家图书馆、T3 航站楼、北京南站等大量特色工程、热点工程的施工新方法、新技术编入教材或课件，并增加了每章的“学习重点与要求”，所涉及规范、习题、工程案例等内容，具有较强的时代特征和应用特色。

各本教材均紧密结合工程实际，不但反映当前工程技术及管理方法的新进展并有一定前瞻性；紧密结合工程实例，推行基于问题、基于项目、基于案例的教学方法和学习方法。所编教材及时应用于教学，对应用型人才的培养起到了重要作用。

通过对课程的研究，明确了“多媒体是施工课程教学的必由之路”的思想。利用图片、动画、视频等各种多媒体形式展现施工现场实景，使课程教学的主要难点及复杂的工艺过程通过具体形象的方式得以补充，学生们由此得到最直接、最生动的感性认识，可激发学习兴趣，改善教学效果。由施工教研室教师编制的多媒体教学课件及辅助教材于 2005 年获得学校教学成果一等奖。经过不断补充、完善、调整和修改，在施工新技术、施工图片、录像及三维动画演示方面进行了大量工作，使教学课件及时反映国家的重点工程、特色工程、新技术、新规范，该教学课件于 2006 年获得了中国建设教育协会一等奖。《土木工程施工》教材及其教学课件在 2010 年 8 月全国高校施工学科研究会第七届年会（重庆）上进行了演示，得到与会 50 余所院校施工课教师的好评，并获得优秀课件二等奖。该教材 3 版的发行量达到 6 万余册。在 2012 年 7 月全国高校施工学科研究会第七届二次年会（宁波）上，对《建筑施工-多媒体教材》和《土木工程施工》新版课件进行了演示，得到与会 50 余所院校施工课教师的好评和索取，其两版 8 次印刷，发行量达到 2 万余套。

3. 以校企合作为平台，以强化工程实践能力为主线，实践环节重构优化

为更好地契合当前行业（企业）对人才的需求，不但在土木工程专业培养计划的修订过程中，邀请北京城建集团、北京建工集团等施工企业参与制定人才培养计划及课程教学大纲，而且在生产实习和毕业设计等实践教学环节中，利用

国家级、北京市级的人才培养基地，深化施工教学的校企合作模式，通过加强教师指导、并引入企业工程师在学生实践环节中的个性化指导，进一步强化学生工程实践能力的培养。

(1) 创建并实施“有限分散实习”新模式。

根据建筑市场体制的变化，施工教研室改进了生产与管理实习的组织方法，创建了“限定实习地点范围和每个工地最多人数、学生自主选择工地、分散进行实习、加强教师指导和管理”的“有限分散实习”的一整套管理模式。包括：提早进行实习动员→学生在教师指导下在实习基地范围内自行联系实习点→学院聘任施工现场技术及管理人员作为工地实习指导教师→学院专业课教师检查、指导→实习中期返校汇报交流→实习结束交流、口试、推荐评优学生→全年级评优答辩→编辑优秀实习报告集并发到各个班级。

在实习期间，教师分片负责，对全部实习点进行不定时、不定次数、不事先通知的现场指导和检查。既与工地指导教师充分沟通，也通过现场质疑、答疑、指导，对学生深入实践起到督促、协调作用，有效地保证了实习质量，提高了实习效果。同时，教师也通过深入各个工程现场开阔了视野，收集到更多的工程案例，增加了专业底蕴。

为便于指导实习和成果存档，创造性地编制了相应的实习手册（含任务书、指导书、思考题及收集资料内容、记录工作内容的出勤表、实习所在单位的评分和鉴定意见、实习成绩综合评定表、实习日记等）。学生的实习成绩由联系实习点、实习日记、实习报告、实习表现、口试答辩成绩以及工地指导教师的评分和鉴定意见等六方面，各按一定比例综合评定。

这套管理模式，通过各个环节调动了学生的积极性，不少学生自放暑假即开始了实习，将暑期社会实践地点延伸至施工现场，实习结束后仍保持与工地的联系，将计划的四周实习延伸至十几周。改进的实习组织管理模式和相应措施、方法取得了良好的效果，受到了学校的表彰和推广，也得到了施工单位的认可和赞赏，不少学生的实习点成了毕业后的工作点。由于效果明显，今年自愿参加暑期工程实践的学生达55%。

(2) 创建并实施“校内-施工现场-校内”的三阶段毕业设计模式。

根据近年来土木工程专业70%以上的学生进入施工管理相关单位的就业去向，课题组近些年结合实际工程热点领域，开设了施工管理方向的毕业设计题目，并不断增加和扩大规模。题目内容包括高层建筑和地铁工程等。通过对真实工程（一栋高层住宅楼、高层办公楼或一座地铁车站）的施工方案设计、施工组织设计与预算、招投标标书编制等，进行工程组织管理实施的综合强化训练。该类毕业设计对工程结构、施工技术、组织管理、造价分析等各方面知识进行综合应用，有利于提高学生对工程的组织、实施、计算与决策能力。在毕业设计过程中也熟悉了 Office、AutoCAD 及广联达、PKPM 等工程软件的应用，起到了强化工程能力培养的作用。

该毕业设计模式的最大特点是毕业设计题目的遴选基于各级实习基地的实际在建工程，学生带着前阶段毕业设计的问题到现场进行实习，参与工程现场部分工作，有效提高了毕业设计的深度和质量，也充分发挥了企业在学生的工程应用能力培养的作用，有效缓解了校内培养学生与企业实际需求之间的矛盾。

三阶段毕业设计模式的实施深受学生欢迎和用人单位好评。学生毕业后即能上岗工作并能快速进步，很多学生毕业一年后就任项目技术经理、技术负责人，4～5 年后任较大工程的项目经理。如 2010 届毕业生李秀峰，毕业后即任中国新兴保信建设总公司大运河孔雀城三期二标段工长、栋号长，半年后任该项目生产经理助理，毕业一年后任生产经理。又如 2011 年 7 月《科技日报》以“大学毕业生走向国家建设主战场”为题，报道了土 07 级学生蔡志勇等施工管理课题的事迹。该生参与北京地铁 14 号线东风北桥站工程现场工作、完成毕业设计题目，将其设计题目与解决工程实际问题有机结合，从而迅速成长为该项目部技术骨干。

依据施工课程的特点，秉承实践育人的理念，以强化工程能力培养为指导思想，加强课程与工程实际的联系，不断改进教学方法和条件，提高实习、课程设计等实践环节的效果和质量，在毕业实践环节中进行工程实施的综合、强化训练，实施贯穿递进式等新型教学模式，是培养工程能力强、上手快、能创新、有发展的当代土木工程人才的必要条件，也是满足新形势下行业（企业）对毕业生的要求、培养卓越工程师的重要方法和手段。

案例三：把课堂搬到展示中心的创新教学模式

北京建筑大学建设工程技术展示中心为了提高课堂效率，让学生对建筑施工行业更了解，更感兴趣，突破传统教学方式，把课堂搬到展示中心来。该中心是学校“卓越工程师”计划和培养理论联系实际人才的特色建筑，展示中心建筑面积约 500 平方米，仪器设备投资额约 200 万元。

建设工程技术展示中心按照建筑的建设内容分为八个部分。

第一部分：施工现场平面布置展示区，该区设计了 1 个超高层办公建筑和 2 个高层住宅楼的施工平面图布置（见图 5-6），主要让学生了解施工现场的平面图布置情况。

第二部分：地下工程结构施工展示区，该区设计了 3 个地下结构施工的不同施工方法（见图 5-7），目的是让学生了解地下结构施工方法的详细做法。

第三部分：施工机械和工具展示区，该区主要展示了钻孔机械、挖土机械、

图 5-6 超高层办公建筑和高层住宅楼的施工现场平面布置展示

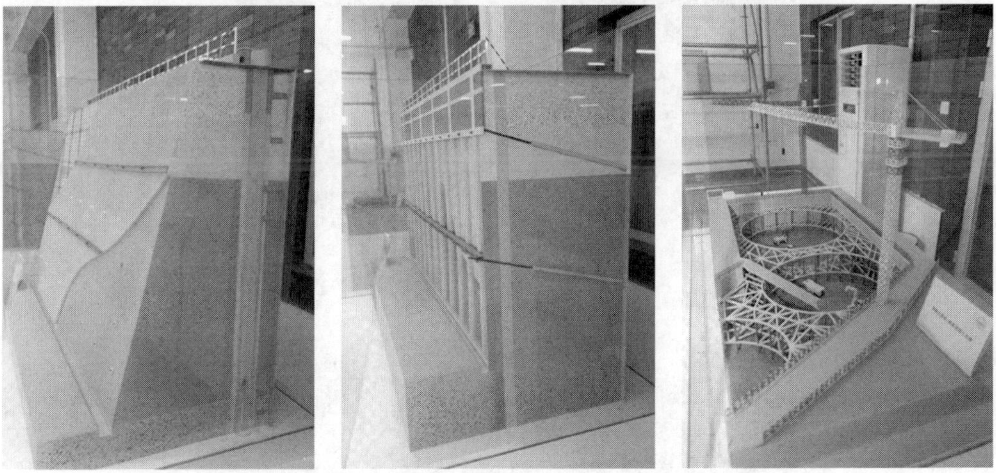

图 5-7 地下工程结构施工展示

混凝土机械和起重设备机械四个区域（见图 5-8 ~ 图 5-11），另外还有部分脚手架和模板等工具展示内容（见图 5-12 ~ 图 5-14）。

第四部分：常用检测和测量设备展示区，该区展示了土木工程常用设备（见图 5-15）。

第五部分：钢筋混凝土结构施工技术展示区，该区主要展示钢筋混凝土剪力墙结构和框架结构的节点钢筋布置、施工缝的留设位置，以及模板的支设等内容（见图 5-16）。

图 5-8　施工机械展示一

图 5-9　施工机械展示二

图 5-10　施工机械展示三

图 5-11 施工机械展示四

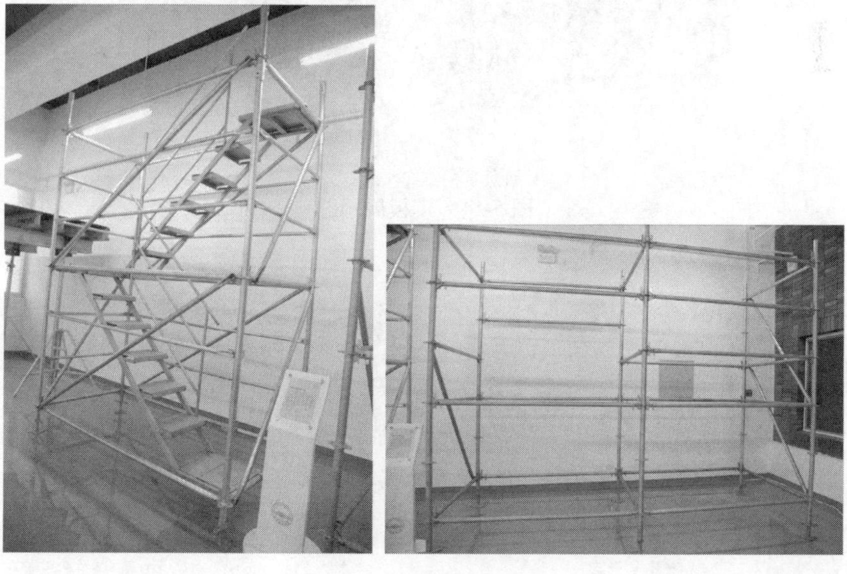

图 5-12 脚手架展示

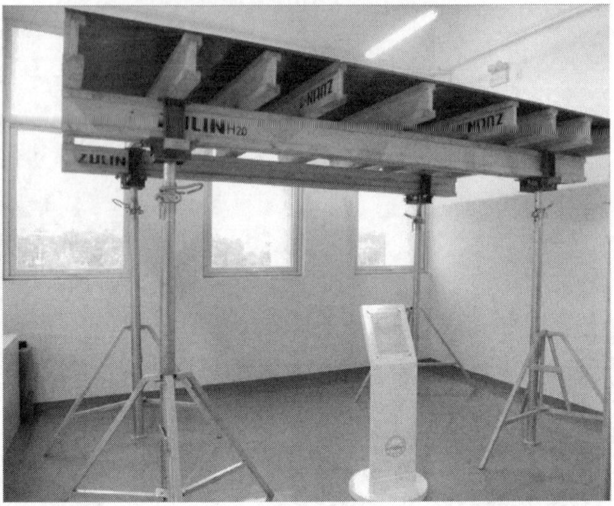

图 5-13　模板展示一

图 5-14　模板展示二

图 5-15　常用检测和测量设备展示

图 5-16 钢筋混凝土结构施工技术展示

第六部分：预应力混凝土结构展示区，该区主要展示了预应力混凝土梁的构造和各种锚具、张拉设备（见图 5-17、图 5-18）。

图 5-17 预应力混凝土梁的展示

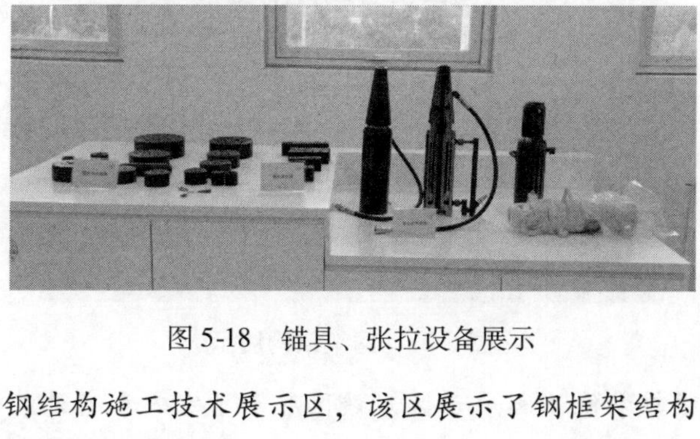

图 5-18 锚具、张拉设备展示

第七部分：钢结构施工技术展示区，该区展示了钢框架结构、轻钢门架结构和网架结构（见图 5-19 ~ 图 5-21）。

图 5-19　钢框架结构展示

图 5-20　轻钢门架结构展示

图 5-21　网架结构展示

第八部分：装饰装修工程展示区，该区展示了室内和室外装饰装修的主要节点做法（见图 5-22 ~ 图 5-24）。

图 5-22 室内装饰装修节点展示一

图 5-23 室内装饰装修节点展示二

图 5-24 室外装饰装修节点展示

为了提高学生的学习兴趣，对施工过程有更直观的了解与感受，建设工程技术展示中心还以实际工程为案例精心制作了动画演示。

在中国建筑学会建筑施工分会高校建筑施工学科研究会第八届第一次年会上，北京建筑大学建设工程技术展示中心得到了与会专家的一致好评，实现了把课堂搬到展示中心的创新教学。

5.5 获益一生的指路人——教师的重要作用

学生能否成才，首先取决于他是否具有足够的辨别客观事物的能力，是否有良好的道德行为习惯及性格。培养学生良好的人格，就要在丰富学生的科学文化知识的同时，对学生心理结构进行改造、重组、升华。通过加强认知教育，形成科学的人生观、世界观，教会学生学习的方法；加强情感教育，形成积极的情绪体验与反应；加强意志教育，形成刚强拼搏、敢为人先的精神；加强自我教育，形成自我调控、自我实现的能力。而学生良好人格的形成，与教师的人格魅力影响是分不开的。

一个好老师，他所教授的不仅仅是一门课程的知识，他教会学生的是掌握知识的方法，求解问题的风范；他教会学生如何去理解学科知识，如何去读懂它的语言，使学生们从“填鸭”式的学习中豁然解脱，不再是为了学习而学习，而是为了理解而学习。

“理解”多么崇高的字眼，它可以拉近心与心的距离，可以超越时间和空间的间隔，让手相牵，让爱长存。

前苏联教育家乌申斯基说：“在教育工作中，一切都应以教师的人格为依据。因为教育力量只能从人格的活的源泉中产生出来，任何规章制度，任何人为的机关，无论设想的多么巧妙，都不能代替教育事业中教师人格力量的作用。”教师要教书育人，首先要从自身做起，重德养德，具有深厚的道德修养。

英国学者贝尔纳勤奋刻苦，同时又有很高的天赋。如果他毕生研究晶体学或生物化学，很有可能获得诺贝尔奖。但他却心甘情愿地走另一条路——为他人去做一架云梯，把一个个富有开拓性的课题提出来，指引别人登上科学的高峰，这一举动被科学家们称为“贝尔纳效应”。作为教师，不一定有贝尔纳的天赋，也不一定是某学科的专家学者，但与学生相比，总在一些方面占有一定的优势。教师只要认真地把自己的优势加以发挥和利用，就能逐步培养学生广泛的兴趣爱好，进一步激发学生的求知欲，从而促使学生更快地进步，产生“青出于蓝而胜于蓝”的效果。

以下的几点是好老师应当具备的：

(1) 真诚与信任。做学问首先要学会做人，作为教师首先要能够真诚、友善、宽容、谦让，只有用内心的真情实感去打动学生，感染学生，学生才会在情感上与教师产生共鸣，才会“亲其师，信其道”。教师对学生的信任和理解体现在教师能够尊重学生的自尊心，尊重学生对事物的理解和看法，不将权威的观念强加于学生，对于学生能力范围的事不去剥夺式的呵护、替代，鼓励学生去多参加实践、探索，在克服困难中学习和思考；要能够启发和引导学生自觉自愿地学习，对自己的行为负责任。要为学生们营造一个“思想自由，相容并包”的学习和文化氛围。

教学需要传承，教学需要付出，教学需要时间和经验的积累。《舌尖上的中国》有一集是“时间的味道”，聆听经验丰富、教学优秀的好老师讲课可以品味出时间的味道，就像酒一样，时间越久越有醇香，但不是所有的时间的积累都可以酿出酒，时间也会使糟粕发霉，教学积累最终会取得怎样的成果取决于老师的用心大小、付出多少和境界高下。

(2) 扎实的专业知识。当今世界科学技术突飞猛进，知识更新迅速。教师要善于接受和消化新知识，掌握新方法，认真钻研业务，不断提高自身素质；要积极探索教学方法和教学艺术，活跃课堂气氛，激发学生学习兴趣；要孜孜不倦，努力做到学识渊博、业务精良，既有精深的专业知识，又具有广博的相关知识。只有这样，讲起课来才能深入浅出、旁征博引；才能使学生产生敬重感，自觉自愿地接受教育和指导。

(3) 敬业与忠诚。知识分子是知识的载体，社会的良心。一个好老师需要具备强烈的使命感和责任感，他不仅关注学科领域的动向，他的思想还应当是开阔的，他需要有一种精神情怀，就是对真理不懈的追求，对人类福祉深切关怀的精神。没有这种对人类进步事业的追求，很难收获丰硕的果实。

前几年在“教育产业化”口号的推动下，学校市场化，教育商品化，做学问也变得浮躁和功利。高校的最主要的功能是为国家和社会培养有用人才，如果要靠教育挣钱，将教师的工资和业绩过度与教师的经费直接挂钩，这种大的社会导向，会影响高校的教师对自己的定位。踏实勤恳、无私奉献会在利益面前变得苍白无力，怎样适应社会，拿到项目、拿到经费，如今成了学校和学院对老师最主要的要求。但是不管社会如何变化，对学生来说，教师的人格魅力总是来源于教师自身的素养和敬业精神，在专业上他们不满足于现状，不断学习，不断完善，并且以此去感召学生追求卓越；在挫折和困难面前，他们有克服苦难和逆境的热情、信心和力量。正如列夫·托尔斯泰曾说过“如果一个教师没有树立起比他的学生更崇高的人生观，就不能进行讲授。”这种敬业精神来源于教师对事业的忠诚，他们不仅仅把教书看成谋生的手段，而是投身其中，以教书育人为崇高的职责，并从中享受到人生的乐趣。他们以真诚去换取学生的真诚，以正直去构筑学生的正直，以自己高尚的品德去培养学生高尚的品德[15]。因此，教师的专业知识固然重要，但是如果缺乏对教学的“诚意”和“汗水”，也会为了功、利而迷失了方向。

参考文献

[1] 全国产学研合作教育协会．国外产学研合作教育的发展及其给我们的启示[C]．全国高职高专教育产学研结合经验交流会论文集，2003：25 ~ 26.

[2] 张炼．有关产学研合作教育的理论问题以及在我国的实践[C]．全国高职高专教育产学研结合经验交流会论文集，2003：36 ~ 44.

[3] 李炎锋，王玲，赵一夫，张丽萍，李明．教学研究型大学进行产学研合作教育的探索与实践[J]．建筑教育改革理论与实践（第 8 卷），2006(6)：5 ~ 8.

[4] 贾衡，等．工程实践教学体系改革的实践[J]．北京工业大学教育研究通讯，2003(1).

[5] 章慧蓉，贾衡，王玲．创建科技、教育委员会走产学研相结合办学之路的探索与展望[J]．北京工业大学教育研究通讯，2004(2).

[6] 章慧蓉，陈向东，刘景园．建筑施工工程实践教学体系的改革初探[J]．建筑教育改革理论与实践（第 8 卷），2006(6)：351 ~ 354.

[7] 王德广．21 世纪高校产学研合作教育的模式[J]．中国电力教育，2003(2).

[8] 杨祚胜．加入 WTO 后产学研合作教育的新情况及应对策略[J]．黑龙江高教研究，2004(8).

[9] 刘绍平，刘纯朝，张光明．高校实施产学研合作教育的几点思考[J]．中国高教研究，2005(2).

[10] 张文治，任淑淳．产学研合作教育培养应用型本科人才[J]．化工高教研究，2004(1).

[11] 雅克·列维．企业界与高等教育界之间的合作[C]．全球产学研结合的现状与发展趋势-巴黎国际会议专集，1998.

[12] 刘绍春．工程伦理教育与理工科大学生道德素质的培养[J]．北京理工大学学报：社会科学版，2004，6(2).

[13] 余谋昌．关于工程伦理的几个问题[J]．武汉科技大学学报：社会科学版，2002，4(1).

[14] 章慧蓉，于成江．卓越工程师培养理念下的土木工程施工实践平台建设[J]．广西大学学报（自然科学版），2016，41（增刊）：10 ~ 11.

[15] 章慧蓉．寓美育于教学实践[J]．兰州理工大学学报，2009，35：115 ~ 116.

6 创新成果的诞生——心动不如行动

6.1 心动为什么没有（或不再有）行动

在现实生活中，有时好的想法没有付诸行动，最终不了了之；有时一些所谓的“创新”，理念错误，实现后造成很大的浪费。这种经验和教训也是很多的，心动为什么没有（或不再有）行动呢？

6.1.1 贝尔纳效应

英国学者贝尔纳是一位非常有趣的科学天才，他具有天章云锦般的想象和深刻过人的洞察能力。据说，他在饭桌上的一席话所迸发出的思想火花，就是足够别人干一辈子的研究课题。他本人除在结晶学、分子生物学等方面做过重大贡献外，还在“科学学”等其他领域里放射出了创造的光芒。

贝尔纳的同事和学生们都相信，按创造天赋讲，贝尔纳是可以不止一次地获得诺贝尔奖金的。然而，他一生中最高的荣誉不过是获得英国皇家学会勋章和国外院士之职。贝尔纳为什么没有获得诺贝尔奖金？有一种公认的回答是：“他总是喜欢提出一个题目，抛出一个思想。首先自己涉足一番，然后，就留给他人去创造出最后的成果。全世界有许许多多的其原始思想应归功于贝尔纳的论文，都在别人的名下出版问世了，……他一直由于缺乏‘面壁十年’的恒心而蒙受了损失。”

世界上另外一位贝尔纳是法国著名作家。一次，法国一家报社进行了一个有奖智力竞赛，其中有这样一道题：如果法国最大的博物馆卢浮宫失火，在只能抢救一幅画的情况下，你会救哪一幅画？在该报收到的成千上万答案中，贝尔纳以最佳答案而获得了该题的奖金。他的回答是：“我救离出口最近的那幅画。”其见解：成功的最佳目标不是最有价值的那个，而是最有可能实现的那个。

两位不同的贝尔纳的故事似乎都在告诉人们，心动不如行动，只有实现了行动，心动所创造出的思维才具有实际价值，这就是贝尔纳效应带给我们的现实启示。

6.1.2 半途效应

半途效应是指在激励过程中达到半途时，由于心理因素及环境因素的交互作用而导致的对于目标行为的一种负面影响。大量的事实表明，人的目标行为的中止期多发生在“半途”附近，在人的目标行为过程的中点附近是一个极其敏感和极其脆弱的活跃区域。导致半途效应的原因主要有两个，一是目标选择是否合理，目标选择的越不合理越容易出现半途效应；二是个人意志力是否坚定，意志力越弱的人越容易出现半途效应。这就要求教师在平时教育学生时多注意学习各方面的知识，培养多方面的能力，同时多注意进行意志力的磨练。行为学家提出了“大目标、小步子”的方法，对于防止半途效应的发生具有积极的意义。

6.1.3　印刻效应

1910 年，德国行为学家海因罗特在实验中发现了一个十分有趣的现象：刚刚破壳而出的小鹅会本能地跟随在它第一眼见到的活动物体背后，无论这个活动物体是不是自己的亲生母亲，即使是一只狗、一只猫或者一个玩具鹅，它都会自动地跟随其后。尤为重要的是，一旦小鹅形成了这种跟随反应，它就不可能再形成对其他物体的跟随反应。也就是说，小鹅只承认第一，却无视第二。心理学称这种现象为“印刻效应”。

“印刻效应”不仅存在于动物之中，也存在于人类。其主要表现为：人们往往会被得到的第一信息所左右，进而陷入“先入为主”的思维定势中，影响自己做出正确的分析和判断。

如果说小鹅的思维定势是本能的，那么人的思维定势是怎么产生的呢？原因有二：一是权威，二是从众，即从众心理，就是个体顺应了群体，顺应了先验，如果这种顺应是盲目的和缺少理性的，就会扼杀创造力。

6.2　半途夭折的创新

6.2.1　违背事物发展客观规律的异想天开是没有生命力的

清朝末年，外辱侵略，主权丧失，当时很多的中国知识分子对中华五千年古老传统文化产生质疑，包括珍贵的文字、典籍。1910 年，当时非常著名的语言学者钱玄同先生，首先倡议将中国的口语与书写文字完全转换成世界语（ESPERANTO）。1918 年 4 月，钱玄同在《新青年》四卷四期上发表《中国今后的文字问题》一文指出：“中国文字，论其字形，则非拼音而为象形文字之末流，不便于识，不便于写；论其字义，则意义含糊，文法极不精密；论其在今日学问上之应用，则新理新事新物之名词，一无所有；论其过去之历史，则千分之九百九十九为记载孔门学说及道教妖言之记号。此种文字，断断不能适用于二十世纪之新时代。”陈独秀也赞同地回应指出：“然中国文字，既难传载新事新理，且为腐毒思想之巢窟，废之诚不足惜。”（《陈独秀书信集》，新华出版社 1987 年版，202 页、206 ~ 207 页）

1930 年 4 月，列宁格勒苏联科学院东方学研究所中国研究室的汉学家龙果夫和瞿秋白、郭质生三人组成专门小组，负责修订中文拉丁化方案。不久瞿秋白回国，吴玉章、林伯渠等移居远东海参崴，这个工作由列宁格勒苏联科学院东方学研究所组织的“中文拉丁化委员会”继续进行。委员会的主席是Д. 阿列克谢耶夫，秘书长龙果夫，成员有萧三和一些苏联汉学家。委员会经过反复研究并参考了中国过去的几种主要方案后，在瞿秋白方案的基础上拟成“中国的拉丁化新文字方案”。1931 年 5 月，这个方案经全苏新字母中央委员会批准。

1931 年 9 月 26 日，第一次中国新文字代表大会在海参崴举行。大会以瞿秋白撰写的《中国拉丁化字母》为基础进行讨论。大会确定汉字改革的方针是：根本废除象形文字，以纯粹的拼音文字来代替它。

1949 年，时任华北大学的校长吴玉章特意给毛泽东写了一封信，提出了“文字改革”的建议。同年 10 月 10 日，在毛泽东的大力支持下，中国文字改革协会在北京成立。吴玉章任常务委员会主席。1951 年，毛泽东指出：“文字必须改革，要走世界文字共同的拼音方向。而在实行拼音化之前，先简化汉字，以便于目前的应用。同时积极进行拼音化的各项准备工作。”

20 世纪 50 年代，全国的语言学家创造出两千多种不同的汉语拼音系统提案，有采用拉丁字母的，有采用古代斯拉夫藉字母的，有采用日藉字音表的，有探索采用阿拉伯藉系表的，有探索采用拉丁字母和中文部首结合的。

1958 年 2 月 11 日公布推动《汉语拼音》，倡导“文字罗马字运动”。此后在苏联专家的帮助下，我国的汉语言专家认真地进行“拉丁化新文字的设计工作”。

1964 年 5 月，中国文改会发表了《简化字总表》，收字 2274 个，随后向全国推广，与之伴随着的就是汉语拼音方案。随着国内文字改革运动蓬勃展开，美国汉学家、语言学家德范克（John Defrancis）著书预言“汉字末日即将到来”。美团洛克菲勒基金会给予德范克友人乔治·甘迪一笔奖助金，于耶鲁大学成立中文科系，共同从事中文罗马系统的设计。

但是最终拉丁化文字这项社会文化创新运动没有继续下去。探其原因，在于汉字是象形文字，法天地，承载着中华 5000 年祖先的智慧，单个汉字一字一音，同音异形的汉字较多，极易混淆，如果罗马化或拉丁化汉字有时会造成难以辨别字义的差别，以下为音韵学家赵元任博士的一篇短文《施氏食狮史》，1960 年，《施氏食狮史》被大英百科全书收集在有关中国语言项内。请大家读读看，以体悟其中真实趣意：

石室诗士施氏，嗜狮，誓食十狮。施氏时时适市视狮。十时，适十狮市。是时，适施氏适是市。施氏视十狮，恃矢势，使是十狮逝世。氏拾是十狮尸，适石室。石室湿，施氏使侍拭石室。石室拭，施氏始试食十狮尸。食时，始识十狮实十石狮尸。试释是事。

以上短文几十个文字，如照拼音拉丁化后异字同音的结果，仅剩一个拉丁拼音的“Shi”字，全然失去了文章内涵和意义。20 世纪 80 年代后期，一本王码电脑打字教本曾收录有赵先生的《施氏食狮史》全文，供打字练习。显然，采用王码向电脑输入赵文，比用拼音输入方便。因此，不是所有的破旧立新都可以贴上创新的标示，有时会带来如大跃进般的灾难。中国古人崇尚守道，只有在守道基础上的创造发明才是可以提倡的。

6.2.2　协和式飞机停飞和摩托罗拉铱星计划破产带来的启示

2000 年 7 月 25 日，法航协和式飞机在巴黎戴高乐机场起飞后两分钟起火坠毁，机上 100 名乘客、9 名机组成员全部遇难，地面另有 4 名受害者。此次失事促使协和式飞机制造商重新改造机体设计，并修补缺陷。但是，事故并不是造成协和式飞机停飞的全部原因，协和式飞机停飞的另外两个主要原因是经济性差和噪声太大。也就是说在民用航空飞机的竞争中，协和式飞机暂时输给了大量使用中的普通民用飞机。

协和式飞机是由英国航空公司和法国航空公司联合研制的。一般的客机飞行速度是每小时 800 多公里，协和式飞机的飞行速度可达到每小时 2200 公里左右，是当时世界上唯一的民用超音速豪华客机，主要用于欧洲大陆到美国之间的长距离商务飞行，自 1969 年投放市场之后备受世界瞩目。协和式飞机在投入飞行 25 年后，总共生产了十几架，但是，却因为经济原因而停飞，因为生产商卖不出去而导致停产，航空公司又因它飞行而赔钱，不得不停飞。

协和式飞机经济性差首先体现在其耗油率较高、航程较短，也就是说它只能勉强横跨大西洋飞行，而不能横跨太平洋飞行，这就限制了它的使用范围；其次协和式飞机运行经济性较低，标准客座为 100，最大客座为 140，载客量偏小，运营成本较高。另外，协和式飞机噪声太大，超音速飞行产生音爆，被限制不得在大陆上空进行超音速飞行，只能在大西洋上超音速飞行，结果造成世界上绝大部分国家的机场都不让它起落。这项技术上的软肋到其停产，也没能解决。最终，2000 年 7 月，协和式飞机事故成为了压垮骆驼的最后一根稻草，事故造成社会大众心理上的严重影响，不论这种飞机以往声望有多高，仅仅这一次失事就足以让协和式飞机从此一蹶不振。

一项技术、一种产品的存在，要和社会的生产力水平、整体的经济条件相适应。人为的努力，只能使某件事情在一定程度上推进提高。从科技的角度，协和式飞机的诞生有很大意义，它推动了人类在航空领域的进步。从商业的角度，它是一个失败的典型。此外，一项具体的创新失误往往不是一个原因造成的，是多个原因的组合，如产品化过程中的设计错误、经济不合理、实施错误、营销错误或质量问题等。这方面的例子还有很多。

例如：1991年摩托罗拉启动铱星计划，即发射66颗近地卫星组成星群，这样用户从世界上任何地方都可以打电话。1998年11月，50亿美元的投入之后终于进入商用，电话机一部需3000美元，通话费每分钟3~8美元，到1999年4月，只有1万个用户，8月上升到2万，8月13日，铱星提出破产保护。

破产的主要问题：一是技术本身的限制，铱星技术是基于看得见的天线和轨道上的卫星，因此，用户在车里、室内和市区的许多地方都无法使用电话，甚至在野外的用户还得把电话对准卫星方向来获取信号；二是普通手机普及之快超出预期；三是铱星计划的手机电话像砖头一样大。

因此，项目实施前要对其进行全面的分析和研究，综合地判断其技术上是否可行、经济上是否合理、财务上是否盈利是非常必要的，这也就是我们常说的进行可行性研究。

6.3 付出和热爱才会有收获——成功者的告诫

甘地说，有七样东西可以毁灭我们，其中之一就是没有责任感的享乐。对大多数人来说，顺境的浮力是相当大的，眼前的安逸状态很容易使我们忘却了进取。人性中潜藏着惰性和依赖性是遏止人奋发的缰绳，如果再遇到现状的舒适，它便会与立志形成强大的对抗。具体到学习、工作和生活上，当贪求安逸时，学习辄止于表面，事业辄止于表面，人生辄止于表面。

经济学家告诉我们，除了阳光，空气等大自然赐给我们的，其他一切产品都是有成本的。中国古人说得好“舍得，舍得”，有舍才会有得，如同付出才有收获一样。想得到成功，那就要肯花时间，勇于付出；想得到智慧，那就得追求真理，永不退缩。齐白石“不教一日闲过”才成了举世闻名的艺术大师，付出总是和收获成正比。

任何伟大成果的获得都来自于点滴的积累，有时是非常枯燥和乏味的，有许多人或许很聪明，但是就是因为他们无法忍耐这种乏味，最后半途而废。

史蒂夫·乔布斯曾经提到，领袖和跟风者的区别就在于创新，成就一番伟业的唯一途径就是热爱自己的事业。如果你还没能找到让自己热爱的事业，继续寻找，不要放弃。跟随自己的心，总有一天你会找到的。做我所爱，去寻找一个能给你的生命带来意义、价值和让你感觉充实的事业。拥有使命感和目标感才能给生命带来意义、价值和充实。这不仅对你的健康和寿命有益处，而且即使在你处于困境的时候你也会感觉良好。

6.4 生活中创造无处不在——生活赋予我们的财富

创新源于观察，只要用心观察，生活中的创造无处不在，举例如下。

案例一：光盘座陀螺

光盘是现代人常常用到的，废弃的光盘盒成了垃圾废物，常常被遗弃。但是如果稍加利用，就可以成为有用之物。比如用光盘盒制作陀螺玩具，如图 6-1 ~ 图 6-3 所示。

图 6-1　两个废弃的光盘盒底盘

图 6-2　将两个废弃盘底对拼就可以做成一个陀螺玩具

图 6-3　陀螺玩具正在旋转

案例二：叩诊法诞生

18 世纪，一位奥地利医生在给一个患者看病时，尚未确诊，患者突然死去，经过解剖发现，其胸腔化脓并积满了脓水。能否在解剖前诊断出胸腔是否积有脓水？积了多少？这成了困扰医生的问题。一天，医生在一个酒店里看到酒店的伙计们正在搬酒桶，他们敲敲这只桶，敲敲那只桶，边敲边用耳朵听，伙计们是根据叩击酒桶发出的声音来判断桶内还有多少酒的。这个生活中的经验给了医生启发，人体胸腔的脓水的多少是否也可利用叩击的方法来判断呢？他大胆地做了试验，并获得了成功。一种新的诊断法——“叩诊法”从此诞生了。

案例三：一物两用的导游手帕

在日本东京，有一家专卖手帕的“夫妻老店”，由于超级市场的手帕品种多、花色新，他们竞争不赢，生意日趋清淡，眼看经营了几十年的老店就要关门了，他们在焦虑中度日如年。

一天，丈夫坐在小店里漠然地注视着过往行人，面对那些穿着娇艳的旅游者，突发灵感，他不禁忘乎所以地叫出来。老伴吓了一跳，以为他急疯了，正要上前安慰，只听他念念有词地说：“导游图，印导游图。”“改行？”妻子惊讶地问。“不不，手帕上可以印花、印鸟、印水，为什么不能印上导游图呢？一物两用，一定会受游客们的青睐！”老伴听了，恍然大悟，连连称是。

于是，这对老夫妻立即向厂家订制一批印有东京交通图及有关风景区导游的手帕，并且广为宣传。这个点子果然灵验，销路大开。他们的夫妻店绝处逢生，财运亨通起来。

案例四：一升水照明计划

一升水照明计划（Liter of Light），来自菲律宾。一升水（外加漂白粉若干，消毒用），一个矿泉水瓶，将水灌入瓶子，并安装进屋顶，一半在屋顶下（室内），一半露出在外，就能搜集和放出太阳光，为室内提供不逊于60瓦电灯泡的照明效果。目前，这个计划已经为菲律宾无数没有电力的家庭带来了光明。而最难能可贵的是，这个计划最开始是由当地一个名叫 Illac Diaz 的学生发起的，他们的目标是推广到世界上其他没有电力的区域。

一升水，一个矿泉水瓶，很难想象，我们随手浪费掉的，就值得上一片光明。所以，这个世界并不缺少创造的源泉，生活中的创造时时刻刻，无时不在，无处不在。

6.5 创新是理念和积累的结果——孙正义的成功经验

6.5.1 量变到质变

孙正义，一个成就了无数人互联网梦想的人，是软银集团的创始人，也是该公司的总裁兼董事长。他在不到20年的时间内，创立了一个无人相媲美的网络产业帝国。他的这个帝国并非是受其统治的帝国，而是一个由他支持扶助的高科技产业帝国，他不是在自己独自享受，而是为使更多的人掌握高科技信息，贡献出他的智慧与才能。

孙正义出生在一个个体小商人的家庭，父亲是一家弹子房的老板。弹子房的生意天晴时还算理想，一碰上雨天，便不尽如人意，父亲对这靠天吃饭的弹子房感情很深。孙正义却不以为然，他当时就笃定主意，若是将来经商，一定不做这种靠天吃饭的生意，他要自己把握命运。高一那年，孙正义有机会去美国加利福尼亚参加一个英语短训班。在加州，那里自由、乐观、开放的氛围深深感染着孙正义。他做出了生平第一个大胆的决定，游说父母同意他赴美留学。生性传统的父母早已知道，儿子的世界不属于弹子房内的方寸天地，他们同意了。1974 年 2 月，孙正义重新呼吸到了加州自由的空气。那一年，他不到 17 岁。1975 年 9 月，孙正义到加州大学伯克利攻读经济专业。在大学，孙正义和许多同学一样也要勤工俭学，但他的想法不是靠刷盘子挣钱，而是倚靠“发明”挣取生活费用。孙正义搞“发明”有他奇特的一面：从字典里随意找三个名词，然后想办法把这三样东西组合成一个新东西。每天他给自己 5 分钟来做这件事情。一年下来，他竟然有 250 多项“发明”。在这些“发明”里，最重要的是“可以发声的多国语言翻译机”。它是从字典、声音合成器和计算机，这三个单词组合而来的。现在，我们很多人的计算机里面都装着一种叫“词霸”的翻译软件，孙正义的发明所实现的功能与之很类似。他要做的是，你在机器里输入日语——我们以日英翻译机为例——机器能自动发出与其相对应的英语的声音来。有了这样一个机器，一个不会任何英文的日本人就可以向美国人“说话”了。天性有敏锐的市场意识的孙正义没有忘记还要为自己的发明找到市场，经过百般游说，他终于赢得了“半导体声音合成芯片”的发明人和参与阿波罗登月计划的技术人员的青睐，依靠他们，孙正义的发明得以一步步完善。此后，利用假期回国探亲的机会，孙正义不遗余力地向日本的各大公司推销自己的发明。最终，夏普公司对他的这项发明表示了兴趣，给了 1 亿日元买下了专利，这是孙正义掘的第一桶金。“20 岁时打出旗号，在领域内宣告我的存在；30 岁时，成就自己的事业；40 岁以前储备至少 1000 亿日元资金，决一胜负；50 岁，实现营业规模 1 兆亿日元，做出一番惊天动地的伟业。”这是 19 岁时的孙正义给自己定的 50 年人生目标，当时看来，这个目标未免狂妄，而回头看看他这一路走来，孙正义几乎每一个年龄段都实现或者提前实现了他 19 岁时定下的目标。1980 年，23 岁的孙正义回到日本，满脑子创业想法的他没有急于求成，他花了将近一年半的时间，来思考最适合自己的创业方向。首先，他对 40 个行业做了详细的市场调查，并拜访各式各样的人，阅读了许多书籍和资料，分别编制出了 10 年的预估损益平衡表、资金负债表和组织结构图，将结果和检查项目表对照，判断这些是否是自己投入一生的事业。他列出了选择事业的标准，其中比较重要的有：

（1）该工作是否能使自己持续不厌倦地全身心投入，50 年不变；

（2）是不是有很大发展前途的领域；

（3）10 年内是否至少能成为全日本第一；

（4）是不是别人可以模仿。

依照这些标准，他给自己的 40 个调研项目打分排队，计算机软件批发业务便是从中脱颖而出。1981 年，孙正义以 1000 万日元注册了 Softbank，他立下雄心勃勃的誓言：5 年内销售规模达到 100 亿日元，10 年达到 500 亿日元，若干年后，要使公司发展成为几兆亿日元、几万人规模的公司。尽管有人认为这是疯狂的想法，但这却是孙正义心中存在的坚定信念。

多年后，软银总裁孙正义被称为"日本先生 . com"。美林证券分析员估计，孙正义掌握了日本 70% 的互联网经济。投资多样化的互联网股票和复制美国的商业模式，成为孙正义独特的商业模式。在美国，孙正义控股了雅虎、E-Trade 等著名网站，一般占 20% ~30% 股份，由网站的创建者来管理。孙正义与这些公司合资成立日本公司，由孙正义绝对控股。他把美国的模式成功复制到了日本。

"在未来的几年内，我们将在中国投资 200 家以上的互联网公司。"日前，在接受记者专访时，被美国《商业周刊》评选为影响全球电子商务的投资者之首的孙正义先生说。而到目前为止，他所领导的软银（Softbank）集团已经在中国投资了 26 家互联网公司。

1996 年，孙正义第一次来到中国，出席 UT 斯达康的董事会。会议间隙，他游览了中国的长城，在那里，他感受到来自心底深处祖先的召唤，感到与祖先的智慧相比，自己已经取得的成绩是何其微不足道。

孙正义，以非凡的勇气投资了雅虎，获得了巨大成功，从此开始其投资互联网的疯狂举动。对于打算从事 IT 行业，而又缺乏资金的人来说，孙正义无疑是命运中的天使，给人奋斗的希望。而这一切的成功最初仅仅来源于那 250 多项"发明"的积累。

6.5.2 正确的理念加上速度

孙正义曾经总结自己的成功经验，提到"信息时代的成功因素不是规模，而是速度、灵活性、动态、知识，我们崇尚个体而不是组织。""所以我们投资的 450 家企业是 450 个品牌，而不是一个品牌。我们尊重我们的合作伙伴，尊重他们的想法，让他们自己去做事情。""如果没有《孙子兵法》，就没有我孙正义"。

有"日本的比尔·盖茨"之称的网络巨子孙正义，《福布斯》杂志称他为"日本最热门企业家"，而更多的人，称他是将《孙子兵法》生动地运用经营的具有代表性的日本企业家。据日本知名华文媒体人孔健介绍，他与孙正义认识 20 多年，孙正义是第三代韩裔日本人，孙家祖先原来从中国迁移到韩国，到孙正义祖父一代，又从韩国的大邱迁徙至日本九州。孙氏家族说："我孙氏和韩国固有的孙氏不一样。我祖籍和汉民族的孙氏属于同一根源"。而孙正义说，他就是孙子的后裔，他的血管里流着孙子的血液。孔健告诉记者，孙正义在日本经营靠的就是《孙子兵法》，日本对孙子很崇拜，这对他开拓日本市场很有利。他带了一台翻译机打进日本市场，然后做软银，即智囊银行，应用了《孙子兵法》的智慧。他是日本第一个搞网络电话的，投资2亿日元打造通信网络，从“情报帝国”走向“传媒帝国”。

孙正义酷爱《孙子兵法》，在病卧中也要坚持捧读，琢磨为什么兵法13篇第一篇是计篇，因为万事从计划开始。孙子前面六篇全部讲了战前准备，孙正义认为，战前准备到位，打仗的结果就不言而喻。他还把孙子语录作为厂训放在大门口：一边是“胜兵先胜而后求战”，另一边是“败兵先战而后求胜”。他将孙子的精髓应用到软银的一次次投资并购中，做到了真正的“不战而胜”。孙正义对《孙子兵法》的这种创新性应用，很明显地表现在企业经营管理中，他独创了一套“孙孙兵法”，名字的由来是自己也姓孙，将“孙子”的“孙”与自己的“孙”相乘；也有人戏称为“子孙兵法”，一则孙正义是日本网络巨子，二则他是孙子的子孙。其兵法核心就是25个字：“一流攻守群，道天地将法，智信仁勇严，顶情略七斗，风林山火海”。

“一流攻守群”，所描述的是身为一个企业领导者所应该具备的素质与能力，即应以成为“天下第一”为目标，洞察时势潮流，考虑攻守均衡。他参透了攻防的奥妙，有意识地收敛锋芒，加强联盟与合作，这就衍生出了他非常重要的一个经营思想“群”。

在孙正义事业的初期，并非一帆风顺。1981年，24岁的他成立软银，在半年之内，与日本42家专卖店和94家软件业者交易来往。高科技真正的舞台在美国，但20世纪80年代后期，孙正义还在日本苦心经营，他说服了日本大财团如东芝（Toshiba）和富士通（Fujitsu），共同参与软银的投资。但因经营不顺利而拆伙，一年后退回财团原有投资资金，孙正义一肩担起损失的责任，却赢得了前辈们的佩服，软银声名鹊起，也为孙正义奠定了事业的信用基础。1994年，软银收购Ziff通讯铩羽而归，直到他接手设施不完善、参展费用高、久为人诟病的拉斯维加斯Comdex电脑展，才算和Ziff-Davis出版公司搭上线。1995年，他以21亿美元买下Ziff-Davis出版公司部分股权，至1996年，总共注资31亿美元才得到完整经营权，拥有Ziff-Davis出版公司长久以来以出版电脑周刊（PC Week）、专精个人电脑市场行销研究的Computer Intelligence公司，及曾和微软与国家广播公司（NBC）合资的入口网站Zdnet。1991年，以C语言编译器闻名的Borland公司，准备在日本发行升级版，当时Borland公司执行长Philippe Kahn很快就和软银达成共识。同年，他说服美国区域网路专业公司网威ell开创东瀛新市场，为了分散风险，再度邀约迪士尼入伙，到了1994年，开花结果，网威系统成为区域网路主要标准之一，年营业额达1亿3000万美元。网威副总裁Darl McBride认为孙正义是个可以使任何事成真的中介人。

“道、天、地、将、法”被誉为战略规划五要素，在深谙兵法的孙正义看来，团队的力量比个人的力量要大得多，企业首先要万众一心，为“道”而战；“天地将”：天时、地利、人和缺一不可；“法”，用现代的观点来解析就是“体制”保障。

“智、信、仁、勇、严”是孙正义评判优秀企业管理者是否具备素质的五大标准：“智”为工于应对，敢于决策；“信”为富有志向，并施信于人；“仁”为仁者无敌；“勇”为勇者不惧；“严”为严于律己。

“顶、情、略、七、斗”也是孙正义独创的经营兵法：“顶”即高瞻远瞩，掌控全局；“情”即彻底掌握重要情报；“略”即确定长远战略目标；“七”即具有七成把握就出手；“斗”即立即采取行动的智慧。这五个字，把孙子的诡道、用间、作战、谋攻等兵法融会贯通了。

“风、林、火、山、海”是孙正义驰骋商场的座右铭。当软银遇到竞争压力时，他就想到保存在日本盐山市云峰寺的“风林火山”旗，采取突破性的战术。孙正义把成功上市看成“海”的战略，一字之加，正是“孙子兵法”的高超之处。

人有正确的梦想和志向，才有行动的动力和外界的助力。孙正义曾经提到“倘若缺乏对人性的关爱，数字将仅只是数字。”他界定软银营运的宗旨是为人类谋福利。正是因为孙正义的正确的经营理念加上速度——信息时代的成功秘笈，才使得孙正义先生转眼之间就创造了一个国际互联网帝国。

6.5.3 三个臭皮匠胜过诸葛亮——团队的力量

孙正义在他的经营实践中，衍生了非常重要的经营思想，就是“群”，也就是集体的智慧。这是非常重要的一个理念。

现代社会竞争激烈，中国传统文化中，提倡互惠互利、“家和万事兴”、“万事和为贵”的处世之道，为解决竞争各方的利益分配提出了理念支撑，而博弈理论也为“群”的产生和发展提供了理论依据。

图6-4给出了博弈双方的合作程度对双方利益水平的影响。

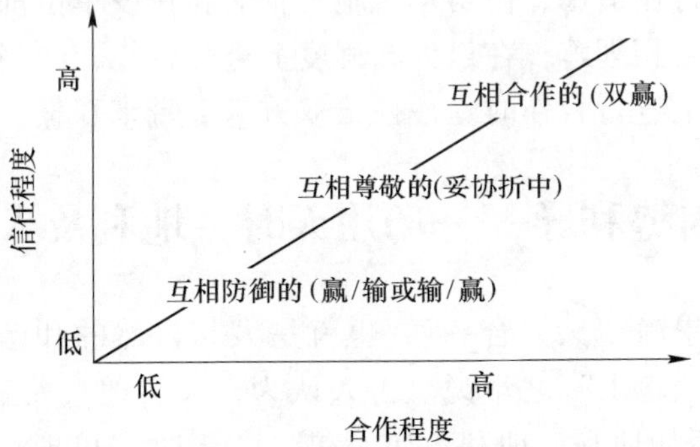

图6-4 博弈双方的合作程度对利益水平的影响[3]

从图6-4中可以看出，如果博弈的双方处于互相防御的状态，他们的信任程度和合作程度都较低，那么最终的结果就会是一方赢，另一方输；当双方能够互相尊重，在一定程度上能够为对方的利益考虑，采取必要的让步和妥协时，这样就会带来一定意义上的合作；只有当博弈双方的信任程度和合作程度都处于较高的水平时，他们能够最大程度上互相理解、彼此合作，这样的双方是互惠互利的，也就是博弈论中的双赢。

这种双赢的理念是合作的基础，往往能起到1+1≥2的作用。这体现在有着共同利益的团队的建设上，好的合作是双赢，否则内耗会消减团队的整体力量。

团队的决策者是团队成败的决定性因素，人才资源是团队能否获得长期效益的无形资本。用人之道在于“用人之长、记人之功、容人之过、解人之忧”，合理的奖罚原则和以人为本的管理之道有助于协调各方关系。“能者居侧、贤者居上”，有能力的人组成项目各部门的管理层，有志有德的人组成团队的决策层。当团队的决策层工作越简洁时，才能越适用、越有效，“大道至简至易”，繁琐的管理概念和程序反而会降低管理的效率。耗散学理论中有关“熵”理论的论述也体现了这一规律，一个组织越有序，那么熵值越小，损耗越小，任何管理的终极目标就是引导人的这种自发性。只有加强团队内部各方的责任意识，建立合理的奖罚制度，才能得到尽职尽责后所享有的权利。

此外，双赢的理念对解决协调利益竞争各方也有所借鉴。例如，我国现阶段建筑市场的规则并不规范，业主为了实现其利润最大化的目标，压价承包、拖欠工程款，总是处在赢的地位，而施工企业无利可图，只有靠偷工减料、拖欠民工的工资，这样带来的就是工程质量的降低、建筑市场的混乱、民工上访等一系列工程质量问题和社会问题。很显然，这种赢/输或是输/赢是低效的，对业主方也不利。在我国工程建设领域，业主与施工企业之间存在着严重的信任危机，拖欠工程款就是一种典型的业主违约行为。对这一社会现象，光靠运用法律、行政、经济等手段，对其进行事后的制裁远远不够，治标不治本，要从源头上解决这些问题必须规范建筑行业道德，使得建筑施工企业和建设单位都要本着互惠互利的心态，互相信任，互相理解，在最大的程度上进行合作。而当业主方和施工方能够在尽可能的程度上进行合作时，往往给双方都会带来双赢。

6.6　创新要因势利导——巧用天时、地利及人和的经典智慧

中国传统文化崇尚“天人合一”，也就是人与自然的和谐统一，《周易》有“天、地、人”之“三才”之学说。古人认为，天、地、人三个因素非常重要，并有古训：“天时不如地利，地利不如人和”。“天时”可理解为机遇或时机，在古代的军事战争中也指气候条件；“地利”为有利的地理条件；“人和”则是最

重要的，意为众人团结和谐、和睦、和气。三者皆为利益不同的相关方在博弈较量中取胜的重要因素，而“人和”又是其中最主要的因素。三国时期的诸葛亮草船借箭是巧用天时，火烧赤壁是巧用天时、地利、人和；都江堰工程是巧用地利，尤其是都江堰的飞沙堰工程，利用岷江水的冲击力飞沙，借力打力，体现了中国古人四两拨千斤的智慧，处理好可以化害为利，为我所用。

案例一：巧移“钟王”

北京大钟寺的一座大钟，有8万7千斤重，号称钟王。这是明朝皇帝朱棣为了防止民众造反，派军师姚广孝收集老百姓的各种兵器后铸就的。不知是什么原因，这口大钟沉到了西直门外万寿寺前面的长河（就是动物园和北京展览馆后面的那条河）的河底。一百多年后的一天，一个打渔的老汉发现了河底埋的这口大钟。清朝皇帝得知此事后，下令将这口钟打捞上来，并挪动到觉生寺（即现在的大钟寺），然后再修建一个大楼来悬挂这口大钟。从河底把大钟打捞上岸虽非易事，经过一番努力，总算克服了困难。但要把这8万7千斤重的大钟，挪动到五六里以外的觉生寺去，谁也想不出一个可行的办法来。钟是夏天捞出来的，到秋天还没有人想出主意。有一天，承担此事的一个工头和几个工匠在工棚里喝闷酒。工棚内只有一块长长的石条当桌子用，大伙就围坐在石桌旁。这时天正下雨，从棚顶上漏下来的雨水滴了不少在石桌上。坐在石桌这一头的一个工匠，叫坐在另一头的一个工匠再给他倒一盅酒。酒倒好后，由于手上有水，在传递时没留神，把酒盅给弄翻了，引得大伙连声抱怨：“太可惜了！”“太可惜了！”这时，一个工匠很不耐烦地说：“何必用手传呢！石桌子上有水，是滑的，轻轻一推不就推过去了。”坐在旁边的一个平时很少说话的工匠沉思了片刻，然后将石桌子一拍，大叫起来：“有啦！有啦！挪动大钟有办法啦！”这个平时很少说话的工匠联想到的办法是：从万寿寺到觉生寺，挖一条浅河，放进一、二尺深的水，河里的水结冰后，不用费多大力气便能将大钟从冰上推走。后来，就采用这个办法将大钟从万寿寺挪动到了觉生寺。

这个工匠思考这个问题时，由酒盅想到了大钟，它们都是：“在光滑平面上不用多大的力量就能推走”，通过运用相似联想由此及彼地想出来巧借天时、地利来解决大钟的移动。

案例二：南极输油管

美国的一个南极探险队首次准备在南极过冬时，遇到了这样一个难题：队员们打算把船上的汽油输送到基地上，但由于输油管的长度不够，当时又没有备用管子，无法输送。正当大家一筹莫展的时候，队长帕瑞格突发奇想：南极到处都是冰，能不能用冰来做成冰管子呢？由于南极气温极低，屋外能“点水成冰”，这个联想并非是不切实际的空想。可以用冰做管子，但怎样才能使冰成为管状又不致于破裂呢？帕瑞格又想到了医疗上使用的绷带，在出发时带了不少这样的绷带，他们试着把绷带缠在铁管子上，然后在上面浇水，让水结成冰后，再拨出铁管子，这样果然就做成了冰管。他们再把冰管子一截一截地连接起来，需要多长就接多长。就是依靠这些冰制的管子，解决了输油管长度不够的难题。

案例三：　大水坑变成了“聚宝盆”

唐朝的裴明礼是一位经商的能人。有一次，裴明礼看到金光门外有一片地，是一大水坑，售价低廉，裴明礼毫不犹豫地把它买了下来。裴明礼在大水坑中央竖起一根大木杆，木杆上吊着一个竹筐，还张贴了一张告示：凡能用石块、砖瓦击中竹筐的，一次赏铜钱百文。这一招很吸引人，大人、小孩，争先涌到水坑边，石块、砖瓦不停地投向竹筐，由于杆高、筐小，击中竹筐的人并不多，倒是很快地就把大水坑给填平了。填平了大水坑，裴明礼在上面建起了牛棚、羊圈，供来往贩卖牛羊的商人使用。不久，牛羊的粪便堆积如山，这正是附近农民种田的“宝贝”，裴明礼把其卖给种田人，几年间就赚了许多钱。随后，裴明礼就在这块土地上盖起了房屋，在四周栽下了花卉草木，建起了蜂房……裴明礼成了个远近闻名的富绅。裴明礼的致富之道，是巧借地利，化害为利的典型模式，中国古人四两拨千斤的智慧善用巧劲，以最小成本谋取最大的收益。

6.7　创新的逆势思维——退步原来是为了更向前

创新要有良好的心态。这个良好的心态一定是积极向上的心态。比如半杯水，一个消极心态的人会说，糟了，只有半杯水了，怎么办呢？而一个积极心态的人会说，太好了，还有半杯水！同样是半杯水，心态不同，感受不同，结果也会不同。有了积极的心态才能经得起挫折，经得起失败。发明电的爱迪生，失败了1000多次，最后终于成功。记者问爱迪生，你都失败了1000多次还在努力。他说，我不是失败了1000多次，是成功了1000多次，每一次你们认为是失败，我认为是成功，因为每次的实验都知道了这种材料不适合做灯丝。要创新，就要坚持不懈地努力，而面对困难，除了勇气外，还要有逆势思维，将不利化为有利，增加了克服困难的决心，这样的失败就是成功之母。

中国古人讲，退一步海阔天空，有时看似退了一步，其实是在向前，这种逆势思维后往往会带来意外的收获。

案例一：拓展市场的视角——推销鞋

两个推销人员到一个岛屿上去推销鞋。一个推销员到了岛屿上之后，发现这个岛屿上每个人都是赤脚，他气馁了，没有穿鞋的，推销鞋怎么行，这个岛屿上是没有穿鞋的习惯的。马上发电报，打手机回去，鞋不要运来了，这个岛上没有销路的，每个人都不穿鞋的，这是第一个推销员。第二个推销员来了，高兴得几乎昏过去了，不得了，这个岛屿上鞋的销售市场太大了，每一个人都不穿鞋啊，要是一个人穿一双鞋，那要销出多少双鞋去，马上打电报，空运鞋来，赶快空运鞋。同样一个问题，不同的思维得出的结论是不同的。

案例二：面对不利的心态——从“天天哭”变成“天天笑”

有个老妇人天天都要哭一场。有一天，一个老和尚问她为什么天天都要哭，老妇人回答说：“我的大儿子是卖布鞋的，小儿子是卖雨伞的。雨天，我愁大儿子的布鞋没人买。晴天和阴天，我又愁小儿子的雨伞卖不出去。”老和尚听了以后对她说：“你不能这样想。我来告诉你该怎么想。”老和尚教了她该怎么想以后，老妇人便从此由“天天哭”，而变为“天天笑”了。老和尚对老妇人说的是：“雨天，你应该想你小儿子的雨伞很好卖，晴天和阴天，你应该想你大儿子的布鞋很好卖。”老妇人照着老和尚教的去想，雨天想到小儿子的伞很好卖，心里自然会很高兴，晴天和阴天想到大儿子的布鞋很好卖，心里自然也会很高兴。她从此不再“天天哭”而是“天天笑”了。

案例三：逆向思维的智慧——一句话的威力

北宋时，有一次西夏的部队兵临渭州城下。一天，渭州知府曹玮同将军们在一起喝酒，突然士兵前来报告：军营中有几千名士兵叛逃，到西夏阵营里去了。众将领听后，一个个大惊失色。这时，曹玮却镇定自若，他只轻描淡写地说了一句话：“那些人是我派过去的。”便把当时在场的人都稳住了。这句话后来又被西夏派来的密探听到，密探回去报告后，没过几天，从宋营叛逃过去的那几千名士兵，全都被西夏主帅处死了。曹玮说的这句话完全采用了逆势思维，没有顺着通常的思维模式认可了士兵叛逃会祸乱军心，而是逆向思维，顺水推舟，既能安定军心又能迷惑敌人，取得了对己有利的效果。

6.8 创新需要坚守独立的思考——奇迹苹果的创造者木村先生

创新的要义是独立思考，然而人一经卷入“人之熙熙，皆为利驱，人之攘攘，皆为利往”的公众社会，在追逐名利权位的外物沉浮中，就把真实的自我忘得一干二净。个人无力对各类事务做出判断但又必须要判断，怎么办？最安全的方法就是遵循“大多数”人的判断作为自己的判断，公众的意见主宰一切，长此以往就形成了习惯，于是独立思考的能力逐渐泯灭。用存在主义哲学大师海德格尔的话就是，人只有将自我“沉沦”到公众中才能获得安宁。

在经济史学家诺斯看来，从人类历史看，不是物质，而是“意识形态、宗教决定了一个国家的政治秩序、道德准则，决定了可以接受和不可以接受的行为。这个东西决定政治游戏规则，决定法律制度和经济表现……”1974 年的诺贝尔经济学奖获得者哈耶克在其名著《通往奴役之路》中提醒世人，如果迷信物质决定论，这个社会就会变得非常浅薄，成为永远长不大的社会。

对于创新者而言，最重要的是他们首先要“I have a dream”，自己想要成为什么或自己将来能够怎么样。心理学术语叫动机（立志、梦想）触发行为，而动机激活潜能的大小是由动机的性质和强度所决定的。在公众意见主宰的社会中，特立独行、木秀于林、不同凡响的东西在最初可能会被公众所不解和嘲笑。其结果是要么被放弃，要么被改造的随大流，“非淡泊无以明志，非宁静无以致远”，只有坚定地朝向正确的目标，耐得住寂寞，耐得住人们的不解和冷漠，才有可能在“小和尚撞钟”式的单调和重复的积累中，从量变到质变，实现梦想。

在这方面最好的例子之一，就是创造了奇迹苹果的日本农民木村秋则先生。木村秋则 1949 年出生于青森县中津轻郡岩木町，弘前实业高中毕业。曾经前往川崎市的工厂工作，一年半后离职。1971 年回到故乡，投入以栽培苹果为主的农业。由于农药危害了家人的健康，从 1978 年左右开始摸索无农药、无肥料栽培，历经将近 10 年完全没有收成的苦难岁月，终于成功地栽培出彻底无农药、无肥料的苹果。如今木村先生在栽培苹果的同时，也在全国和海外各地进行农业指导，推广他的无农药、无肥料栽培。1991 年 19 号台风导致津轻的苹果园受到毁灭性的打击，而木村先生的果园成功地抵御了这场台风。1992 年《日本经济新闻》文化栏目刊登了《大自然的梦幻苹果》。1994 年木村先生以无农药栽培稻米上了《日本经济新闻》晚报的“日本的四十岁”专栏。2007 年木村先生登上 NHK“专家的作风”节目。2008 年幻冬舍出版了介绍木村的《这一生，至少当一次傻瓜》，成为畅销书，感动了无数读者。

在这本书里，木村阿公带给未来的礼物就是：当所有人都做错，你是否有勇气做对？所有新事物并不一定都是正确的，相反地，古老时代的经验往往才是真谛，是经过实践所证实的。他证明了自己与众不同的选择是对的，更是留给下一代最好的礼物。

当年，木村先生因为担心妻子的健康而停用农药，此后经历了十几年没有任何收获希望的岁月，只能靠每年去北海道打工的钱维持全家的生活。在最初的两三年，附近的果农还对他深表同情，但看到他的果园内苹果树的叶子每年都掉光，没有任何收成，很担心病虫害会影响自家的果园，对木村先生的态度也越来越冷淡。当时，青森县针对黑星病、斑点落叶病和腐烂病等苹果树的病虫害制定了相关条例，必须使用肥料和农药彻底预防和驱除。一旦果园被检举，不仅苹果树会遭到强制砍伐，还必须罚款 30 万元。因为青森县的苹果产量占全国的百分之四十，也是青森县的主要产业，所以规定相当严格。在这种困境和压力下，木村先生一直没有选择放弃，甚至有时也考虑是否放弃的时候，大女儿反而质问："那我们之前辛苦是为了什么？爸爸，你做的事很了不起，你在一个没有答案的世界，从零开始挑战。"这句话给了他很大的安慰。虽然木村先生一直深信"自然栽培苹果绝对可行，一定可以找到答案"，然而，看到果园的情况始终无法改善，严峻的现实终于把他击垮了。背负着对不起家人的自责，木村先生决定以死谢罪，可是本打算挂上自己的那棵橡树让他灵感突现，找到了解决土壤才是良好栽培的关键。此后通过改善土壤，木村先生的奇迹苹果终于开花结果了。

木村先生的经历，让我们看到了他的择善固执、坚忍不拔的精神，苹果树教他倾听大自然的讯息，也教他谦卑地面对这个世界，而他也肩负着大自然赋予的使命，用岁月去换取人人受用无穷的心灵礼物："我经常问全国的农民，你们的身体可以结出一个苹果、一粒米吗？人类无论再怎么努力，都无法自己开出一朵苹果花。稻穗才能生出米粒，苹果树才能长出苹果。主角不是人类，而是苹果树和稻子，人类只是辅助它们的配角。所以，请大家务必牢记这一点。

之前，我对自己种苹果这件事感到很得意。然而，经过一次又一次的失败，我终于体会到一件事——我只是协助提供一个适合苹果生长的环境而已。在地球上，人类只不过是一种动物，树木、动物、花卉和昆虫都是人类的兄弟姊妹，都是在大自然中共生的生物。

我认为，人类必须更加谦卑。人类不是大自然的支配者，而是必须认为，人类只是大自然中的一分子。"

总结木村先生的成功经验，关键在于：

(1) 持续观察——"农民最重要的工作，就是要观察大自然，而且必须长期观察"。

北海道旭川齐藤牧场的齐藤晶先生，借助牛只开垦一片原本只有石头和山白竹的山地，把它变成了漂亮的牧场。当年，当他的开拓事业遇到瓶颈时，他爬到山顶的树木上眺望四周，觉得"鸟和虫子总是毫无怨言、悠哉地生活，人类也应该和鸟、虫为伍，融入大自然"，于是，他就想到可以运用山上的自然环境饲养牛只。这称为"蹄耕法"，是充分运用牛只、树木和牧草生态的自然农业。

"大自然不会说话，因此，人类必须磨练感性，感受大自然。"当齐藤先生和木村先生聊天时，不禁为彼此的共同点感到惊讶。齐藤先生说："木村先生，和你聊天时，我们完全了解对方想要说什么。因为我们观察的都是整体，知道将会发生什么变化。不使用多余的技术，而是静下心来观察非常重要。高学历的人往往无法不多做点什么。如今正缺乏能够忍耐、静下心来观察的人。"[10]

中国古人说："为学日新，为道日损，损之又损，以致于无为，无为而无不为。"老子在《道德经》中也提到"因其不争，故无人与之争"，都蕴藏着东方文化的智慧。中国古人的科技传承是一种守道为先的传承，例如：习武之人必重武德，才能得到师父的倾囊传授。现代科技是一把双刃剑，在给人类带来便利的同时，随之而来的是诸多负面效应，而只有顺应自然、顺应事物发展客观规律的创新才有生命力，这就需要创造者能够静下心来观察，自然是最好和最智慧的老师，寻找的必能找见。

（2）抛开成见——横着长的番茄。

人类只要稍加协助，农作物就能快乐生长。木村在他的书中向大家介绍了在日本各地引发热潮的“番茄横植法”。方法很简单，就是让番茄苗趴在地上生长，这样茎干上就会长出根。利用番茄的习性，让地下的根部四通八达，番茄就会长得很出色。

木村先生在查了百科全书后发现，番茄的原产地是安第斯山地区，是纬度高、雨量少的干燥地带。想要重现番茄原本的环境，只要把农田的土堆高一点就行了。

原本他尝试用支架，但是强风吹来，支架几乎快要倾倒，番茄苗也被吹趴在草上。在七月多雨的季节，大部分番茄都染上了发黑腐烂的黑炭病，只有倒地的番茄安然无恙。他想把番茄扶起来却拉不动，原来茎都长出了根。于是，他灵机一动，觉得一开始就横着种的效果也许更理想。尝试后发现，这种方法不但不容易生病，而且土堆得越高，收成量也越高。

木村先生总结这次成功，将其归功为“关键在于抛开成见”。

木村先生在观察害虫时，发现它们长得十分可爱，圆圆的眼睛目不转睛地看着他，而益虫的长相却很可怕，叶色草蛉简直就像电影里的怪兽，体会到人类根据自己的需求和好恶把昆虫分为害虫和益虫，其实吃叶子的毛虫是食草动物，表情祥和，吃害虫的益虫是食肉动物，面目狰狞。

从中也可以看出，木村先生在放下一切成见后，不仅实践了成功，并且将这种成功经验总结出了很多人生哲理。木村先生的成功理念可以说是对本章先前内容的一个很好的总结，创新的前提是正确的理念，创新者要有敏锐的观察力、坚定不移的信念和敢为人先的精神，并且要抛开世俗的成见。

6.9　创新成果的评价——认识风险

任何新技术、新产品、新材料和新工艺的采用都有一定的风险，因此在应用之前必须经过充分验证（包括工程项目的模拟试验和验证实验），只有在确定该项技术成熟后方可使用；在采用某些重大新技术项目时，应当考虑后备方案。如果采用的新技术中包括有中等风险和高风险项目，则要根据它们的风险级别确定出减小风险的途径，包括：准备应急的后备方案；进行仿真研究作出性能预测；请有关专家评审设计等。

风险是指可能危及计划或工程项目的潜在问题。它是由问题发生的可能性及其后果的综合影响来度量的，用数学语言描述为：

$$R = F(P_f, C_f)$$

式中 R——风险；

P_f——不幸事件发生导致系统失败的概率，其值为 $P_f = 1 - P_s$，P_s 指成功的概率；

C_f——不幸事件发生导致系统失效的程度，$C_f = 1 - C_s$，C_s 指成功的效用程度。

由此，可导出风险因子 RF 的表达式：

$$\begin{aligned} RF &= \text{失败的似然估计} \\ &= 1 - \text{成功的似然估计} \\ &= 1 - P_s C_s \end{aligned}$$

因此有：

$$RF = P_f + C_f - P_f C_f$$

上式表明作为评审风险程度的标准，风险因子 RF 是由 P_f 和 C_f 两个参数来度量的，且在 P_f 和 C_f 最大时达到最大。一般规定 $RF < 0.3$ 为低风险，$0.3 \leqslant RF \leqslant 0.7$ 为中等风险，$RF > 0.7$ 为高风险。

由于采用新的先进技术、新产品、新工艺等，与过去积累的经验相比，新的要求、新的信息就构成了新的刺激因素，它们之间的比例关系称为风险百分数[4]，并有：

$$\text{风险百分数} = \frac{\text{新技术(新刺激)}}{\text{旧经验}}$$

用塔形图形象地表示为图6-5。

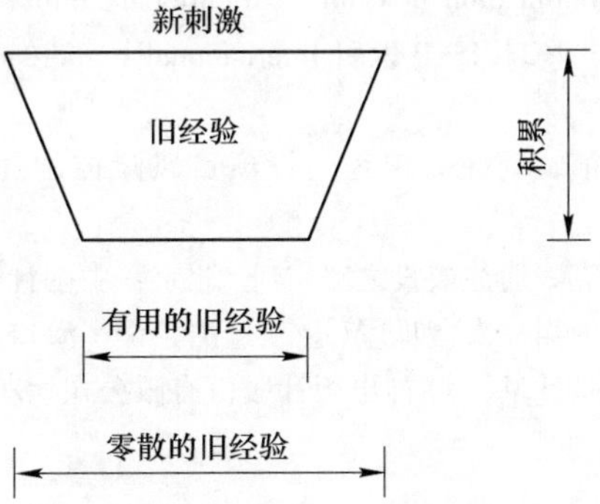

图6-5 风险百分数的图形表示

经验与统计结果表明：风险百分数在15% ~20%最为合适，达到20% ~

25% 则要付出相当的代价，而超过 25% 的工程，风险很大（具体的计算方法不在本书中阐述）。并且好的工程技术人员应当尽量把旧的零散经验转变为可利用的经验，使梯形的下底尽可能的长，使塔形的基础更为稳固。也就是说，我们所倡导的创新应该有稳固的基础，才能使其应用于实践时尽可能地降低风险。中国古人的科技传承是一种守道为先的传承，这种传承最大限度地减弱了新科技的风险，使塔形的底部尽量稳固、牢靠。

英国小说家狄更斯曾经有一句名言："这是最好的时代，这是最坏的时代；这是智慧的时代，这是愚蠢的时代；这是信仰的时期，这是怀疑的时期；这是光明的季节，这是黑暗的季节；这是希望之春，这是失望之冬。"这句话同样适用于当下，现代科技的发展一日千里，新的技术、方法、发明、思潮层出不穷，在便利了人们生产、生活的同时，也带来了许多新的问题：克隆技术可以复制出猪、羊、牛，同样也可以复制出无父无母的人；因特网络迅速、广泛地传播有用的信息，也带来了大量的信息垃圾；资源的破坏、环境的污染……这些都是我们这个时代所要面对和解决的新问题，毋庸置疑的是我们所面对的时代充满了机遇也充满了陷阱，但是无可否认这是个创新的年代，如何在这样一个创新的时代，为社会的发展和人类的福祉做出贡献，这是我们一生的课题。

参考文献

[1] 周宏桥．就这么做创新：体系、方法及创新地图[M]．北京：机械工业出版社，2010.
[2] 王久顺．旧话重提——由《国家通用语言文字法》的公布想到的［J］．汉字文化，2001(4)：15.
[3] 瞿秋白．中国拉丁化字母[M]．共产主义大学出版社，1930.
[4] 王爱云．毛泽东与中国共产党领导的文字改革[J]．党的文献，2010(3).
[5] 张晓芒．创新思维训练[M]．北京：企业管理出版社，2006.
[6] 章慧蓉，纪金豹．The implication of Chinese traditional culture for large construction project management（in English）［C］. ISTP 索引 International Conference on Technology of Architecture and Structure，2009.
[7] 章慧蓉，于成江，于博祯，刘建．工程建设项目风险控制的系统分析[J]．工业经济，2013(7).
[8] 弗里德利希·冯·哈耶克．通往奴役之路[M]．北京：中国社会科学出版社，1997.
[9] 石川拓治．这一生，至少当一次傻瓜[M]．王蕴洁，译．海口：南海出版社，2012.
[10] 木村秋则．苹果教我的事[M]．圆神出版社股份有限公司，2010.